馬祖
手繪行旅

圖・文／張瓊文

序

2014 年 7 月參加了由連江縣政府文化局委託「好多樣文化工作室」，在療育之島（a-lay island）東莒大埔聚落舉辦的活動──「以『X』換生活」，透過自身才藝的交換換取住宿也築起與在地文化、居民的連結。

因為這次機會，我第一回踏上了位在國之西北端的島嶼──馬祖。出發之前，聽著許多朋友描述關於島上豐富的昆蟲、動植物生態、蒙著神祕面紗的軍事文化與獨特的海灣景致……，那一幕幕曾在腦海中勾勒出的想像畫面，在為期兩週的小島工作換生活中，逐漸架構起清晰而迷人的樣貌。

在小島上的每一天，用畫筆一筆一筆記錄當地獨特的閩東式建築，築有封火山牆的廟宇，各種在台灣本島不曾見過的佛手、藤壺、珠螺、觀音螺等貝類、畫下東犬英式燈塔下，與朋友們一起度過的星光教室及海上的藍眼淚初體驗之夜，隨身攜帶的畫冊也帶回各種在軍事碉堡裡探險的風景。在這座因早年軍事文化而帶著些許神祕感的島上，藏了無數有趣的故事等待旅人前往發掘！

因此，非常認同「一趟旅程的結束，就是另一段故事的開始！」這句話，同年年底在聯經出版公司的協助下幸運地獲得連江縣政府文化局的補助，於是帶著畫冊重返馬祖，進行為期兩週的畫畫旅行。一路由南竿、北竿、東、西莒跳島旅行到東引，用緩慢的步調記錄當地的生活風景。也為了更深入當地生活。回到台灣後，開始整理沿途畫下的圖稿，翻閱著畫冊，旅途中收集的風景故事一一呈現眼前：盛夏，和換生活伙伴們一起度過簡單卻無比幸福的大埔生活、寒冷冬日在不見半個旅人的芹壁聚落，邊畫邊聽著老漁夫訴說漁獲大豐收的過往故事。向當地料理達人學習如何製作魚丸、魚麵的技巧，在充滿霧氣的春日，因為濃霧而意外換來的悠閒「關島」日。而那些不畫畫的時光，像個野孩子似在海岸邊的大石上攀爬探險……，這些在島嶼上隨性畫畫、漫步的美好回憶，不停地在腦海中浮現，數不清的片段組成了獨特的旅行故事！

常常覺得再美麗的風景卻又匆忙路過，就只是平凡無奇的景色。如果能放慢腳步，不管是和我一樣用畫筆，或是以任何自己喜歡的方式記錄，用心感受，就能讓眼前的風景住進心裡，接著交給時間慢慢地發酵，可能又是另一段故事、另一段美好旅程的開始！

原先開始設定這不是一本旅行工具書，而是用畫筆記錄生命中的某段旅行、生活記憶，盼望用雙腳把世界的每個角落踩踏出自己的探險路徑，跟著當地人一起體驗生活，直到每個走過的地方，都成為生命裡另一個溫暖的「家」。但其實對想前往馬祖者來說，也可以作為一本導覽書，我由衷地感謝畫畫把我帶往美麗的旅途，如果這本書裡的插畫能夠讓你興起到馬祖跳島旅行的念頭，那是再美好不過了！

畫紙上的馬祖小旅行，出發囉！

張瓊文　Iris

目次

福州

東引島

2h

北竿島

南竿島

8h

莒光島

東 海

Part 1.
小島慢遊

從南、北竿、療育之島莒光一路跳到
風景壯麗的東引，
用緩慢的旅行節奏
感受每座島嶼的獨特之處，
跟著我的手繪插畫
來場紙上的跳島旅行吧！

立榮航空

50 mins

臺馬之星

基隆

台北

南竿島 Nangan

在這座馬祖面積最大的島上，巷弄間散落許多閩東式石
屋的牛角村、鬼斧神工的北海坑道、媽祖巨神像等冒險
地，加上位處便利的跳島轉運站，南竿是旅人探索馬祖
的最佳起點！

Info 抵達方式：

●台北松山機場每日有班機往返南竿，航程約 50 分。

●台中清泉崗機場每日一班往返南竿，航程約 50 分。

●由基隆港搭乘夜臥船臺馬之星，隔日清晨抵達。
  先經過南竿後駛抵東引，航程約 8 小時。
  先經過東引後駛抵南竿，航程約 10 小時。

●島上旅行方式：步行 / 搭公車 / 租機車

馬祖劍碑

歡迎到馬祖卡蹓!!
Welcome to Matsu!!

馬祖

2015 南竿馬港

UNI AIR 立榮航空 BOARDING PASS

班次 B7 0305   目的地 南竿
FLIGHT   LZN
日期 2014 / 12 / 17
DATE
登機時間 08:45   座位 12 K
BOARDING   SEAT

water

UNI AIR

MATZU
TAG RECEIPT
466994
UNI AIR

TAG Receipt

南竿

Dec. 17, 2014. 9:05 ⟶ 馬祖南竿
第3回の Matsu 飛行, 天淥: の, 窗外足
耀眼の藍天, 白雲和迷你の小白浪花平
靜漂浮著, 這回の跳島 旅行將由南竿
⟶ 北竿 ⟶ 西莒 ⟶ 東莒, 期待在冬日の
島上再遇見有趣の人與故事!!

牛
角
村

Day 1. 9°C!!
身體不冷, 但手超
凍!! 風大. 緣抖!!

馬祖最早聚
落保存區!
層:疊の閩東式石屋
雖然大部份都超建成
新屋, 但亍亍的者 錯落
の石階通到不同角落,
尚像 hide and seek の地方。

love the lovely village so much!!

July 1st., 2015. 17:22PM
如九份的山城，飄渺浸潤

牛角

牛角村為馬祖最早的聚落保存區之一，
層層疊疊的閩東式石屋雖然大部分已整建成新屋，
但沿著錯落的石階而行，
臨著澳口，築在山坳裡的聚落
彷彿九份、金瓜石的迷人山城風景！

牛嶠村

一間房子疊上
另一間石屋。
層層疊，新舊交
錯。構成如
希臘1如舊金山
如九份，綴石
の風景，前多海
浪規律拍打
一片寧靜!!

Matzu の
冬日有著
San Francisco
之錯覺

12·17天晴，Matzu
有陽光2好甚暖
但寒風吹。
故無法久畫水
4pm

吸引力

山隴·蔬菜公園

July 3, 2015 (Fri)
今日收集到了來Matsu
的第一回關島休日,
取消整日の飛機航班,
也讓我有機會畫下
這2個月工作の路
伴風景!!

馬祖西門町
山隴

生活在資源取得不像台灣那麼便利的馬祖，「五金百貨行」等同「特力屋」、手中握杯 7-11 咖啡，等同拿著閃耀星光的「星巴克」，稱呼山隴這個擁有文具店、電器用品行、五金百貨行與便利商店的村落為馬祖的「西門町」，一點都不為過！

介壽村由蔬菜公園往海口方向
の大道應該是馬祖の西門町
或忠孝東路。生活機能尚稱
便利，只是遊靜了好像百貨!!
白日，店家在門前撐起遮陽帆布，
阿公阿婆們(最大族群)坐在擺放
門前の長椅上聊天，與西班牙爸²奶²
曬日光 chatting 風景頗雷同。另在
街上出沒第2大族群:阿兵哥，一身迷彩
為空蕩街頭增點人氣。May 12, 2015
山隴 - 11:25AM

本店包廂全面升級
更換 i5 四核心
最新電腦速率
超快超順等你來體驗

全新
包廂式
沙發座椅

網咖店外感覺有些歲月痕跡の
手寫 poster，以往為島上阿兵哥設立，
現在有種強烈孤寂感!!

南竿"市中心"有一處公園,上頭沒有遊樂設施,卻有一塊:依季
節栽種的花圃. Radish.高麗菜.大白菜 (winter),一旁有佈帆報
名 free 認養的 organic farm.只需付水費即可,假日 Happy farm!
Dec. 17, 2014. 2PM.　　　　冬天也是馬祖3寶:大白菜/高麗菜/白蘿蔔大產季節!!

🥕馬祖之開心農場🥕
山隴·蔬菜公園

青椒桶!!　　　筊白桶　　　蘿蔔造型の ★桶子!!! ★　　　花生

馬祖人會不會
太可♥,蔬菜
公園內許多角落
有各種蔬果造型筒,
看了都好開♥!!
不知是否堆肥用?!

田園發現

位在山隴「市中心」有一座公園,在地人在裡頭遵循四季栽種各種蔬果,夏日收成多
汁美味的水果玉米、瓜果;冷冽冬日則改種顆顆飽滿的馬祖三寶:高麗菜、白蘿蔔、
大白菜,這座面積不小的菜園被當地人取了個有趣的名字「蔬菜公園」,像這樣自給
自足的「開心農場」遍及馬祖各座島嶼,旅行時別忘了找找這些可愛的田園風景。

八八坑道是夏日旅行在南竿島上舒服的
避暑勝地‼帶著龍眼香 or 葡萄香氣四溢
的坑道，冬暖夏涼，是島上喜歡的角落之一‼

酒香四溢的 八八坑道

八八坑道，主體由花崗岩構成，國軍進駐馬祖後，將其開鑿為戰車坑道，全長 200 公尺，可容納一個步兵團的兵力。當時司令官夏超為了慶祝蔣公 88 歲誕辰，因而命名為「八八坑道」。直至民國 81 年，軍方才將坑道移交給馬祖酒廠使用。目前主通道為罈裝老酒存放區，左側次通道為高粱酒系酒槽區；坑道內冬暖夏涼，長年恆溫約維持在 15-20 度，是儲藏酒窖的絕佳地方，還未進入坑道，濃郁的酒香飄散在空氣裡，聞著聞著，彷彿進入了舒服的微醺狀態。

光線下呈現金黃色光芒的沙灘.

津沙·南竿

金沙·津沙（馬祖最西角）

Dec. 27, 2014. 9AM. 陰. 13℃.
由津沙走津仁步道,約15mins
Dinner 抵仁~鐵板:中一排骨.!!
夏回在賣豆油帶領下,來到有著美麗塊石梯条前景の津沙
village, 這回先到大石上跳躍. 藤壺超多!石梯上,石屋多荒廢!!

🌑 沿著石梯而上,是看著太陽升起,悠閒吃著早餐的個人 VIP 座席,填飽胃袋後,像
個野小孩的我喜歡在錯落的大石上,邊跳邊和藏在岩縫中的藤壺打招呼!一旁的沙
灘總是閃爍著迷人的金色光芒,喜歡這座小巧可愛的津沙聚落。

津沙【馬祖南竿西南端，為南竿一最靠近大陸村落。】

南竿 津沙 71

青年1民宿在過去是家酒莊，正面入口有大片木牆，也是在津沙聚落常見の建築形式，側邊則為石屋。離海只有幾步之遙，海浪聲十分強大!!

一旁碉堡現改成廁所，用途跟大不同!!

津沙最可♥角落·哈比人空間

酒瓶圖案 酒莊代表

【津沙水質好，酒廠多位釀酒師都出身此村】

Dec. 27, 2014 · 津沙。

黃昏時分，溫暖光線照射在閃耀著金黃色光芒的沙灘上，「金沙」成了村名「津沙」的由來。

津沙村一夜限定的溫暖小窩。小小的空間，窗外有著閩東式石屋的屋瓦風景，和在屋頂上發呆的貓咪相同的高度，靜靜享受眼前的幸福寂靜！

Dec. 27, 2014
津沙一夜限定小窩·青年1民宿
Matsu Hostel　小坑房

Breakfaft·Before heading for 北竿!!
Dec. 28, 2014·8AM
在貓師又市場買の繼光餅 + apple + 手沖coffee

麥民宿 馬祖
SMOKE 南竿

青年1民宿在南竿津沙村, 1F是男生住區, 2樓有女生單, 双人房,
單人房睡床旁就是閩東式石屋, 是 cat 看世界の角度!!!

南竿鄉 津沙 71

水道
起始點 →

氣勢壯闊的坑道內,
小道上倒映著層²岩壁
風景,上下顛倒的2個世界仿彿同時存在著‼

北海坑道

這座可停放百艘登陸小艇的地下坑道位在鐵板，水道呈「井」字形交錯，當時除了以炸藥爆破外，便是靠著阿兵哥徒手挖掘堅硬的花崗岩壁而成，施工期間不少士兵因此不幸犧牲，如此艱鉅的工程造就了鬼斧神工的壯闊風景。

旅人可以沿著坑道內的步道參觀，徒步繞行一圈約 30 分鐘。但遇到漲潮，局部路段會被海水淹沒無法通行，步道也會因此關閉，務必留意貼在坑道入口處的潮差時間表！坑道每日開放時間配合潮汐略微不同，詳細資訊可上網搜尋「馬祖日報」。

井字型 水道

高：18 M

寬：10 M

— 步道　— 水道

船票

粉墨綠色 ← 尖刺

【瓊麻】

馬祖岩上常見の植物，葉厚有刺
種在碉堡旁，若小鬼躲過
碎玻璃，還得避開瓊麻‼
sharp‼

《鐵板風景》

鐵堡

鐵堡

My favorite corner of Matzu‼
馬祖唯一曾有軍犬駐守碉堡！

防水鬼岩上碎玻璃。有紅.有綠玻璃
在金黃色的岩石上閃耀著的"刮器"，現已打掉。

馬祖角落常會見到政令宣傳的水泥板，設計簡潔

馬祖故事館
昔日陣守馬祖的阿兵哥，還躲豬 Toilet

Dec. 24, 2014. 南竿仁♥

鐵堡

馬祖列島上的據點何其多,獨立盤踞在島嶼上的鐵堡名列心中喜愛度**第1名**‼春夏季也是追藍眼淚的熱門景點‼

2015.南竿

南竿仁愛村,舊稱「鐵板」,曾是菜市場、縣政府的所在地。鐵堡位在鐵板西邊的獨立岩礁上,為了鎮守險要的地勢而成為重要的軍事據點。小巧的碉堡內設有坑道、射口、砲台、士兵房等空間,這裡昔日除了留守的阿兵哥外,還有全馬祖唯一擁有軍階的狼犬駐守,當年軍犬住過的房舍現在仍完整地保留於碉堡頂。

Info 不可錯過的景點還有這裡!

介壽獅子市場(晨間限定)/ 馬祖酒廠 / 大砲連 / 梅石特約茶室 / 大漢據點 /
南竿 55 據點 / 馬祖故事館 / 津仁步道 / 媽祖巨神像 / 勝天公園 / 枕戈待旦 /
馬祖民俗文物館 / 四維村水漁業展示館
私房推薦:南竿牛角 12 據點

北竿島 Beigan

北竿為馬祖的第二大島，擁有沙灘、離島最多的頭銜。仔細尋找就能幸運發現神話之鳥的燕鷗保護區、馬祖第一高峰壁山、在大坵尋找梅花鹿與美麗的芹壁聚落，都是旅人務必列入口袋清單的景點！

 抵達方式：

● 台北松山機場每日有班機往返北竿，航程約 50 分。

● 由南竿福澳港搭乘小白船可抵達，航程約 10 分。

● 島上旅行方式：步行 / 搭公車 / 租機車

芹壁村

冬日，安靜²的聚落.北竿

Feb. 22, 2014 8:50AM 冷

冬天是馬祖旅行淡季，常聽說自己是小島上唯一tourist，在路上在小聚、大半天或許說過幾個人，一人獨享暖陽下的芹壁風景，海潮聲可眺島 / 真覺 / 大坵 暗嶼。風

若是如此走過，錯過風景，停下 用畫筆畫風景住進心中，又成為一段故事，旅程中閒聊

〔北竿.芹壁〕

早安,芹壁!

推開木窗,海盜屋和不遠處的可愛龜島,給了我一個大大的微笑!

每日,每日,都想在這般風景中醒來!

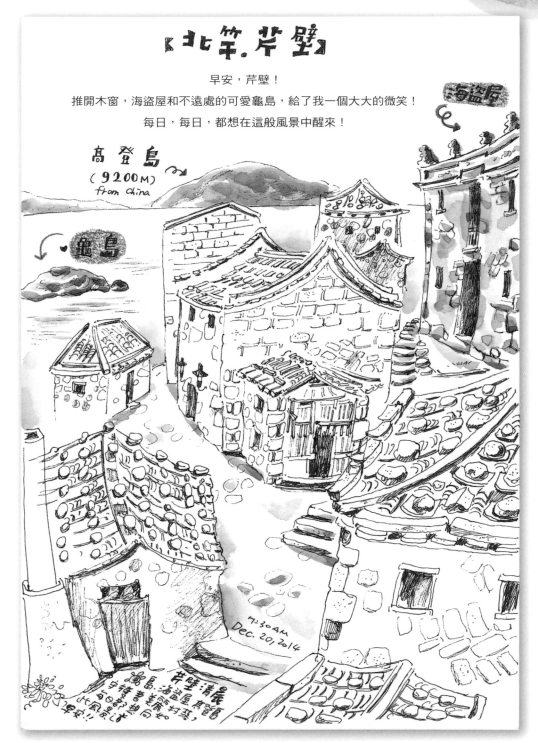

高登島
(9200M)
from china

海盜屋

♥龜島

4:30AM
Dec. 20, 2014

蔣總統萬歲．解救大陸同胞，各種
軍事標語 用泥作了式做現在石牆上，
每經過一個轉角，都讓人會心一笑。

解救大陸同胞

nice 搬家 →巷內

9:30-10:50 DEC. 20, 2014 放晴の今日，雖溫暖許多，
但在沒有陽光の角落畫畫仍會覺得小冷畫了一個小時
後，像老人坐在房子下曬著!! 頭 被吹の痠!!

芹壁聚落

　　土灰色的石屋沿著高低起伏的山勢如積木般可愛的堆疊，一望無際的
大海在眼前開展，規律的潮水聲成了平靜的陪伴，小巧的龜島在不遠
處守護著美麗的芹壁聚落，望著這一幕幕，讓人沉浸在美好的旅行風
景裡！

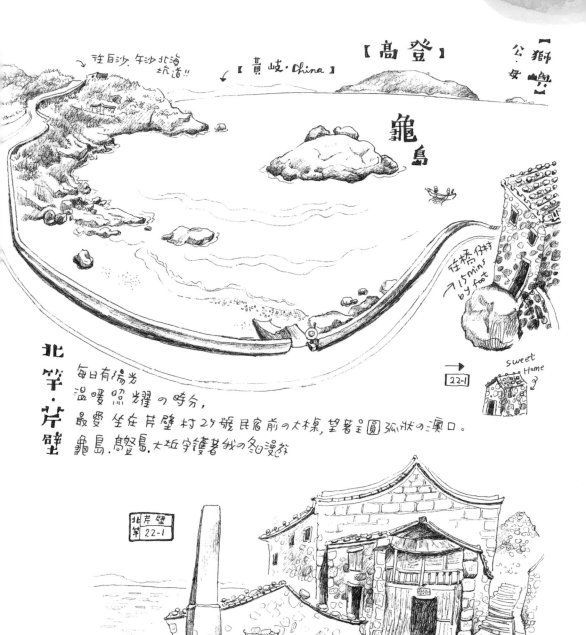

↗往白沙, 午沙北海坑道!!

←【黄岐·China】

【高登】

公.母【獅嶼】

龜島

往橋仔村 →15 mins by foot

sweet Home

22-1 →

北竿·芹壁

每日有陽光
温暖照耀の時分,
最愛坐在芹壁村29號民宿前の大木桌,望著呈圓弧狀の澳口。
龜島.鱉島.大坵守護著我の冬日漫祭

北竿 芹壁 22-1

27

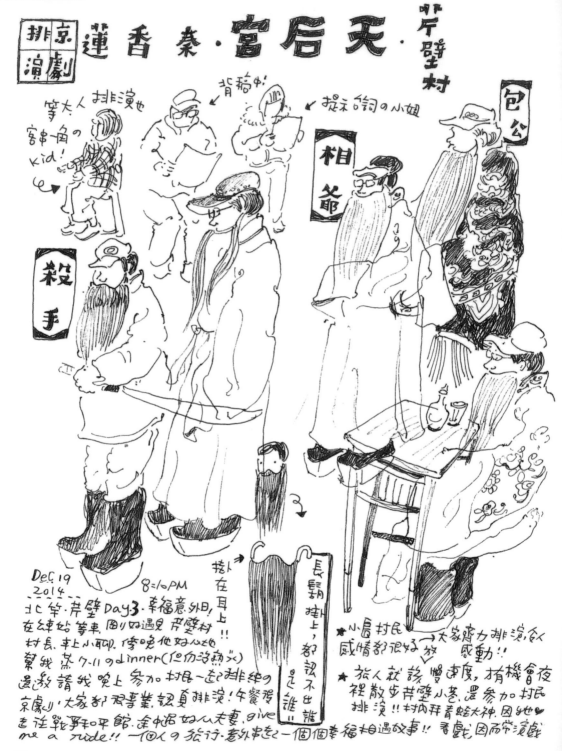

北竿動物發現

有著可愛表情的獅子門扣、石屋上魚口造型的
排水孔、海上的烏龜島、公母獅嶼……，只要
睜大眼睛仔細尋找，就能發現富有創意的壁飾
藝術，化身為有趣的動物造型！

魚口排水孔。

鰻魚

馬加魚

魚麵。

龜島。

獅子門扣。

有點像
史瑞克 →

青蛙大神

鐵甲元帥。

Feb. 22, 2014
北竿芹壁發現。

天后宮裡供奉著芹壁的守護使者──青蛙神「鐵甲元帥」，因此在聚落的各個角落都
能發現可愛的青蛙石雕。來到芹壁短居了幾天，剛好遇上鐵甲元帥生日前夕，村民們
為了慶祝神明的生日，正努力為愛看戲的鐵甲元帥排練京劇。在熱情村長的邀請下，
加入幾乎是全村落總動員並一直持續到深夜的演練。邊用畫筆記錄活動的當下，也在
心中向青蛙大神道聲：「感謝！」，謝謝祂讓我和當地人一起度過獨特的芹壁夜晚！

橋仔村·北竿

小小汐落の漁村，廟の比例之高，形成 廟比人多の有趣風景，
馬祖各島似乎都是：石屋比人多，沙比人多（台江），神比人多風格！

Dec. 21, 2014，東北季風本路前夕却甚暖。
9:20 AM

芹壁村長：橋仔村澳口多石，捕完蝦皮各陣走過大石，
沙灘甚小!! 因近大陸黃岐而有漁村形成。

曾經因為盛產蝦皮而成為北竿島上有名的繁盛漁村，在漁業資源匱乏
之後，人口大量外移，一間間的石屋大多無人居住，也因為村落裡廟
的比例之高形成了「神比人還多」的奇特景象。

★ 阿婆笑起來時, 2顆僅存?! の牙齒,(一顆銀牙)露色.超可♡!!

① ⋯ 把日軍馬加魚目的 の鰻魚去皮骨加入 Salt.太白粉做魚漿!!

·salt
·太白粉

② 把魚漿桿成薄片!! 阿婆賭手工加機器製作。

③ Hot!! 魚漿片!! 將魚漿片烘烤到半乾,過熱會使色澤偏於黃。

④ 把魚漿片切成細²麵條狀。 先搓再切

⑤ 日曬好吃!!

日曬女吃!!

魚麵

魚麵

Fish Noodle

人一生中,只要能夠
認真作好一件事
就夠了─魚麵阿婆

MILD BOX

北笋 塘山支 168

阿婆魚麵店

把魚麵用機器
烘半乾後,再日曬
阿婆說這樣色澤較美!

在北竿畫二の我，彷彿隨時可從口中吐出細沙，像隻"<u>沙蛛</u>"!! 這裡山の風景與南竿,東莒
裸露の黃色岩崗岩不同，植被覆蓋較多,大石露出.頗壯觀!! 機場跑道把沙灘一剖為2
在塘后道beach可見到飛機起飛 !! 經過"沙沙"橋後了達后沃村,沙子爸了比居民多了
小村,經沙三橋,沙子打在身上の聲音無比清晰,配合得如穿越沙漠の哈比人!

北竿
機場跑道 飛機在此迴轉後
⤵ 直衝上天!!

北竿·沙沙島之塘后道 沙灘

邊畫邊吃沙+潮 姑不穩之風很強+邊玩 有時得跑下沙灘搶被強風吹の畫紙!!北竿!

你飛我來撿
の遊戲!
✓ Day 2
Feb. 18

塘后道沙灘

這座綿延的沙灘是沿著塘岐村通往后沃村的必經風景，第一次造訪時
正值冬天，除了拂面的海風冷冽，伴隨大風而起的沙塵，讓已經用圍
巾把自己包裹得緊緊的我，還能從口中吐出細沙，彷彿剛鑽出沙灘的
沙蛛！呼嘯而過的沙塵在耳畔發出「唰～唰～」的聲響，想像力過剩
的我，只能幻想自己宛若勇敢穿越沙漠的哈比人。

后沃村 · 戰爭和平紀念館

紀念館內設置軍用品、軍民生態文化等展區，重現了馬祖長達半世紀軍管時期的樣貌。那些沾染歷史味道的野戰用帆布包、水壺袋、軍帽、布鞋、兩用水壺……，阿兵哥的墨綠色配件們每一樣都帶著好看的MUJI 風格！

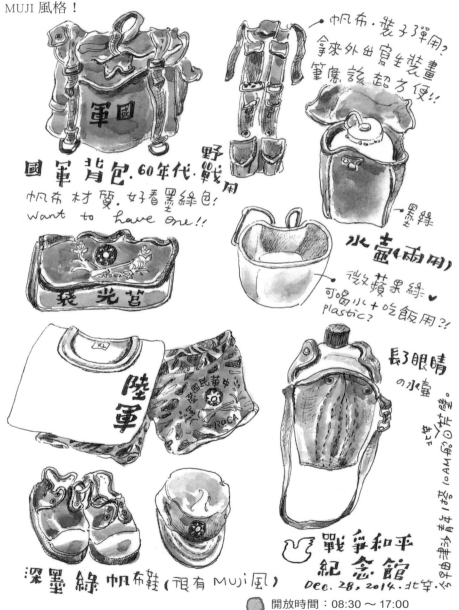

帆布·裝子彈用？拿來外出寫生裝畫筆應該超方便！！

國軍背包·60年代·野戰用

帆布材質·好看墨綠包！
want to have one!!

袋光營

陸軍

黑綠

水壺(兩用)

微又蘋果綠♥
可喝水+吃飯用?!
plastic?

長了眼睛
の水壺

深墨綠帆布鞋(很有MUJI風)

戰爭和平
紀念館
Dec. 28, 2014. 北竿

🔵 開放時間：08:30～17:00

沙塵超多!!

后沃村

面海風超強!!

螺山
步道

漲潮時
過不去!!

伸手.螺.藤壺の家!!

很多大石可爬.北竿版大埔石刻

蚌

螺

Trail・后沃

紅、黑、黑綠多錯の
碉堡藏身在螺山
步道上方, 冬日の瓊麻
沒了の圓散狀花, 又剩
直立の桿, 厚實の邊麻
葉頂著強風, 成了螺
山一角の風景。

Feb 20, 2014・2PM・晴 !!

后沃村 · 螺山步道

螺山、蚌山位於大沃山的東側,從戰爭和平紀念館右側小徑前行不久,
就可看見「螺山步道」的入口。早期是后沃村居民及釣客常走的「開
冰箱」路線!大沃山上的植物因受東北季風的吹拂,形成獨特的「風
剪作用」,即使植被生長受限,列為珍稀保育類的檳柃木卻隨處可見,
可攀爬到步道盡頭,去拜訪海上孔子像與住在海灣處的藤壺與貝類們!

小提醒

大沃山地勢略微崎嶇,局部路段需要拉繩攀爬,風勢也較為強勁,若當日
風力達 10 級以上,步道就會預防性關閉,而海上孔子像與蚌山,若遇漲
潮便無法通行,請務必留意潮汐時間。

北竿 后沃村

Dec. 18, 2014

大膽
據點

·戰爭和平
紀念館下方

·侷促の空間
藏身下凹處.
給合以無比
親切感!適合
玩捉迷藏

大膽部隊連
中華民國六十二年十一月竣工

確保馬祖

固扰領空

★在不同的 城市風景中起床,馬港庭家前莊嚴媽祖巨神像,芹壁村錯落砌屋
聲後伴著海潮聲,小島漂流,一直在有大海風景の沖流浪吧!!! 北竿

Info   不可錯過的景點還有這裡！

壁山觀景台 / 坂里沙灘 / 坂里古厝 / 午沙北海坑道 / 安康步道 / 永康步道 /
芹山播音站 / 北竿 06 據點
私房推薦：壁山步道 / 后沃村古厝區

莒光島 Juguang

莒光位在馬祖列島的最南端，由東莒與西莒兩座島嶼組成。東莒與西莒的外型因為像兩隻趴在中國閩江外海的小狗，因此舊名為「東犬」與「西犬」，兩座島嶼又合稱「白犬島」。後來因取「毋忘在莒」之意，才改名為莒光。

Info 抵達方式：

●由南竿福澳港搭乘小白船可抵達，航程約 50 分。

●東、西莒間有小白船往返，航程約 10 分。

●島上旅行方式：步行 / 租機車

Day 3
7月19. 六 16pm
①從工作屋2F涼發陽台望出
風景。此區唯一的環形屋住在
通往大埔澳的路上，和港
澳口形成安靜.美麗景!

大埔聚落 · 圓弧壁上居

曾經繁華的大埔聚落，現在靜悄悄的。空蕩的娛樂廣場、少了主人的老石屋，那些曾生活在這裡的人去了哪裡？如今，悠閒晃蕩的雞群、貓咪、昆蟲與美好的寂靜重新擁抱了這座小巧迷人的聚落。

東莒·貓島!
狗幾乎
沒有!!

大埔

A-Lay
癈膚之島

Heaven for
insect !!

渔寮
★ 一甲崖 only ★

64 據點
★ 碉堡. 地下通道 ★
在地栽種蔬菜

環形牆上屋

魚路古道.
往大坪村
shortcut

開心
農場

大埔聚落
『閩東式建築』

黃昏時刻·閃耀著
金黃色 光芒!!

散步到這, 也能
別所旁小花台鴨蛋
蛋黃色, 橘黃, 好吃!!

軍方碉堡
★ 好用色: 紅 0加. 墨綠.
綠. 墥

林坳嶼

在大埔每個角落
都無法錯過の美麗澳口景色。往昔為漁村, 沒落後村民外搬而成無人村。

大埔發呆亭 俯看聚落·大埔港·娛樂廣場

曾經繁華的大埔港，現在安靜靜，
上方的娛樂廣場與聚落，留下故事，那些曾生活在這裡的
人究竟去了哪裡？雞·cat·昆蟲·鴨與美妙的寂靜重新
擁有了這個小巧的村落。　　　　July 27, 2014 - 東莒·大埔

9AM·畫娛樂廣場
百勝李王廟

大埔港

東莒第二大漁村，昔日繁華！
漁船由畫處右側的來臺上岸，
復回魚貨匱乏，大埔村漸沒落
甚廢村，石頭上常見似圓形
水泥中間埋酒瓶碎片，主
要與軍事有關，目的在防由水
中飛上岸の水鬼，石上也常見
底部有尖刺狀棄了の瓊麻！

小水泥

蛞閒

sharp
glass of
bottle

Day 5. July 22, 2014 - 6:50AM

大埔澳口除了是我的晨間祕密睡台，夏天漲潮時，換生活的家人們還能一起泡在天然
石頭澡缸裡玩耍，那些藏在石縫間的海鋼盔、淡菜、海葵等，都是生活在島上的好朋
友！有大海陪伴的恬靜小島生活，簡單卻令人知足。

馬祖·小南法

閃～發光的海面，小星～般的岩芒襯著帶著玫瑰色黃の澳口。石磼堆疊的石屋。紅色瓦片在綠意相襯下蜿蜒の石頭矮牆，我此刻是置身國境之北的南法風景中吧! cat.忙碌の
♪·發出聲響の綠色金龜子·瞬間の風景。

July 20, 2014 3:30 PM
東莒·捉生活大埔家後巷。

大埔港

Jan. 1st, 2015
5:14 PM. 東莒大埔

大埔港 岩壁上出現了之前從未
留意過の況果香大石, 它陪著我度過
在港邊發卡
の午後時光♥
今日大浪

福正beach
長浪驚人!!
水冷, 風強!!

東犬燈塔
馬祖東莒紀念

大埔石刻
馬祖東莒紀念

莒光
吾愛吾鄉

東莒·大坪村 防空洞
1.1, 2015, 從 2014 一路畫到 2015 の Matsu 跳島小旅行, 今天5點30
起床 搭上往東犬燈塔迎初光のBus, 畫著小國旗, 和當地人
阿兵哥唱著國歌度過在 2015 首日早晨, 9:30AM

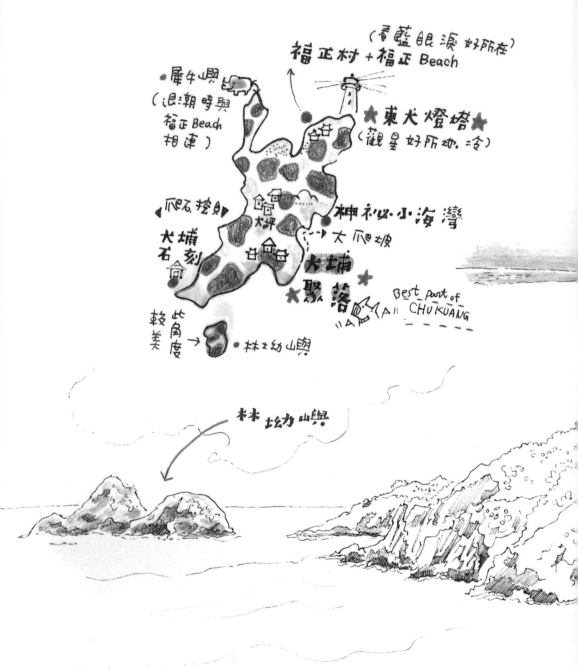

（看藍眼淚 好所在）

福正村 + 福正 Beach

犀牛嶼
（退潮時與
福正 Beach
相連）

★ 東犬燈塔 ★
（觀星好所地.冷）

神秘小海灣

爬石 控貝

哈哈大坪

大埔
石刻

大爬坡

大埔
聚落
★

Best part of
"A" CHUKUANG

較此角
美度 →

林土幼山嶼

林坳山嶼

東莒過去被當地人稱之為下沙（馬祖話發音為 a-lay），這次造訪之後，真的能夠感受身心被徹底療癒的「療育之島 a-lay-island」，現在成為東莒的另一個美麗名字。

東犬燈塔

JULY 31. 2014
東莒♡

遠眺大埔港灣與林坳嶼
近探東犬燈塔

·軍營· 大
每晚9點·軍歌聲!!

誠忠

大埔港 →

東莒·大埔
換生活2週家門前の
寬闊海景·軍營夜的9點大聲唱!! JULY 18. 2014   Day 2
                                    10:30 AM · 大晴☺

東犬燈塔・莒東

Jan. 1st, 2015. 12:30
白色的燈塔從1872
年起開始守護著東
莒, 夜裡, 散發令人
感覺安詳の光芒,
白日, 白色塔身與斜
の圓²好の樹木構成
最和諧の風景!!

東

犬

燈

塔 · 福正村

神祕小海灣

51 AT-12
碉堡窗框畫馬祖·60戰備坑道行去
天涯海角！東犬燈塔+福村

20, 2014
30 AM·深夜

二級古蹟 · 東犬燈塔

東犬燈塔又名東莒燈塔，1872 年由英國伯明罕強斯兄弟燈塔公司耗費 3 年以花崗岩建造，光源經過蚌型水晶透鏡折射後，每天夜裡固定閃爍著兩短一長的燈號，1988 年評定為台閩地區第二級古蹟。連接燈塔與辦公室的草地上，築有一道長達 30 公尺的白色防風矮牆，因為東犬燈塔位居高處，風勢強勁，為免守燈人手上的煤油燈被風吹熄，才特地築起。

2015 年 1 月 1 日，參加了人生中第一場「其實都用走」的馬祖路跑！跟著熱血的島民與阿兵哥們，在東犬燈塔爺爺與大海的注目下，慢慢地走、慢慢地跑過高高低低的東莒小島。

新的一年，在心中默默告訴自己：每一日都要活力滿滿地度過！

福正沙灘・藍眼淚之夜

和大家用手機燈光從大埔步行到福正 beach 不一會，成員自動分成氣質仙女組在較遠處裸泳，而被笑為胡鬧凡人組の貢丸．irie・怡靜則玩起無止境潑水遊戲!!

*Blue tear：其實是種藻類「夜光藻」常見春.夏交接季節．身上の黃綠體呈現の水華．red. yellow. blue 皆有．因藻光及潮水與湧昇海流．而大量浮上海面聚集。又另一種是介形蟲，因吃了此藻也會發藍光。當受到海浪拍打. or 被踩到時便會發光。

【 幼 稚 打 水 仗 組 】
打水仗. 用沙子互相身體.頭髮磨砂,

被仙女組笑稱"凡人胡鬧區"

很♡欺負人達人
貢 丸 さん

很會爬達人
怡 靜 さん

踩不到底
irie

花蛤

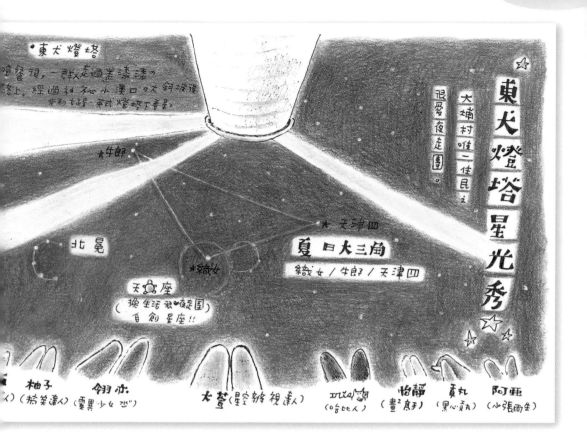

·東犬燈塔

晚餐後，一群走過黑漆漆の
路上，經過神祕小澳口の斜坡後，
來到古蹟東式燈塔下看星。

★牛郎

東犬燈塔星光秀 ☆

大埔村唯一住民之
很愛夜走團。

天津四

夏日大三角
織女／牛郎／天津四

北斗

★織女

天□座
（換生活很寬鬆
自創星座!!）

柚子 (格筆達人)（靈異少女恋） 翁亦 大聲(星空辨視員) ㄍㄧ阿綱（哈比人） 怡靜（畫2良手） 貢丸(黑心丸) 阿亞（小張雨生）

【仙女團】

黑夜裡，好孩們大解放! necked!

小白 丁喃 翁亦 柚子

福正村

臨海の東莒村落之一. 福正村
是與大埔同為島上3村中另一
聚落完整の村子. 位在東犬燈塔下方.
前沱鄭, 野外練習場 親. 但聚落石屋多已
翻修. 木畫內多發現代' 鋁製. 大埔依舊是 Best!!

挖沙蜊
小於
3cm の勿抓

莒光鄉節 福正村 26

福正村

曾經是東莒島上最大、最繁榮的漁村，因為漁源枯竭，人口大量外移，至今只剩下約 10 戶人家居住。冬季時吹起冷冽的東北風，南邊的大埔村可抵擋寒風侵襲，夏季吹西南風，位於北邊的福正村最適合居住，島民依經驗法則順應季風變化改變漁作澳口，因而有「夏福正，冬大埔」的居住習性。

馬祖 家家戶戶都有
"順應時序栽種の蔬果
本日熱產：西瓜＋夕丫

夢幻♥
西瓜

← 我來自馬祖
開心農場!!
阿亞用前楼宿
外國人小朋友留下
の褲子替夢幻
媽媽♥捐戲の
夕丫穿上,被我
畫上了五官!!
可♥度加分!!

1♥大埔

夕丫
口感細緻!!

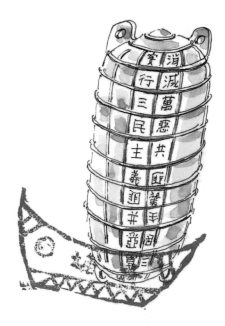

【浮標】

早期大陸漁人會偷走
馬祖漁夫の浮球,為
了杜絕惡劣行為,漁人
在浮球上寫上 "**消滅萬
惡共匪,實行三民主義**
並加上國旗圖案。

寫
消
滅
萬
惡
共
匪
實
行
三
民
主
義

對半剖開, 日晒處理

July 28, 2014 (一)
貢さん在福澳港
釣到的花飛 ×2 +
鯷魚 (體積較小) 尾端
中央有鱗片
花飛 (微刺)
★★★

鯷魚 ★★
體積小, 成魚尺寸約10cm
藍綠色光澤
魚鱗. 略刺

和小靜對著牠們畫了好久,
閃耀著黃. 藍光芒の魚身成為我們の
最佳 model!! 畫完後, 真的變魚乾了!!

魚鯷魚季: 迴游魚種, 用釣 or
捕撈收穫皆豐!

Dinner: 檸檬。味佐香草
烤花飛. 鯷魚
(爬完大埔石刻自炊の奉後の
yummy dinner)

東 50元!!
苦 豆漿水
三
寶

花蛤 ①
出現地▶福正沙漠灘
沙中約15cm下
目前馬上去蛤蜊!

② 西瓜
沙:0. 極甜
白色部分極少。
東苦土質多沙地,
種出西瓜極好?!
餐廳
小果冰沙
Best!!

③ 手工
豆腐

豆腐好吃

手繪香拔
仔.紅字!!
以東莒
乾淨水源
傳統方式作成
了豆腐, 吃得
到賣語
清爽!! 最上
店家也許會
向他們購買

東莒三寶
PART.
國利豆腐店
訂購電話
0836-88011
超cute
老闆妲奶奶 (大坪村)

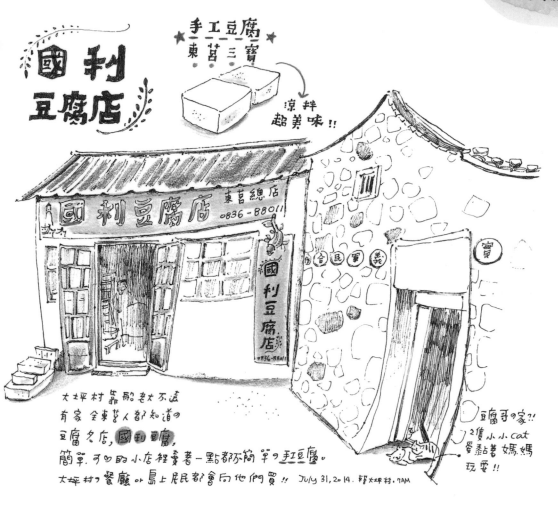

國利豆腐店

★手工豆腐★
東莒三寶

涼拌
超美味!!

國利豆腐店 東莒總店
0836-88011

國利豆腐店

大坪村靠近的老大不遠
有家 全東莒人都知道的
豆腐名店,國利豆腐,
簡單可口的小店裡賣著一點都不簡單的好豆腐。
大坪村的餐廳和島上居民都會向他們買!! July 31, 2014. 於大坪村, 7AM

豆腐哥的家?!
2隻小小 cat
愛黏著媽媽
玩耍 !!

利用當地的純淨好水加上手工製作的豆腐,吃得到滿口清爽的黃豆香,名列「東莒三寶」:花蛤、西瓜、豆腐之列!而豆漿也是千萬不能錯過的在地美味!

Info 不可錯過的景點還有這裡!

【東莒】

大埔64 據點 / 獅子岩 / 東洋山步道 / 360 度觀景台 / 犀牛嶼 / 熾坪隴考古遺址 /
東莒頂山步道 / 猛沃沙灘 /
私房推薦:大埔客廳 / 魚路古道(又稱下底路)/ 大埔石刻海灘

【西莒】

菜浦澳 / 坤坵步道 / 蛇島(燕鷗保護區)/ 田沃村

產地直送 的大埔食堂

每日的三餐,蔬菜大多在起居室外的小小農場 現採,常有
不小心就摘完的小困擾,有些則是由大坪村或阿亞
大營の熱心朋友們贈菜。在夏季時刻到大埔換生活,
餐桌上出現の都是夏季"瓜"類:南瓜/苦瓜/西瓜/香瓜/*匏瓜* (出現率最高)。
肉類則由南竿.台灣運來二冷凍!!當二小箱開空城計時,
"神祕"不可外流の軍用罐頭:花飛·紅燒豬肉★★ 就是
餐桌上の美味亮點與救星!!
cat與公.母雞券居常在此閒逛.
等待食物!

7月26 · 3Pm 在大埔工作站外
畫起居室外的 開心農場,種空心菜地瓜葉

【味噌苦瓜】
微鹹
蛋苦瓜! ★★★

鮪仔魚

瓠
瓜
◀ 汁甜 ▶

【炒瓠瓜鮪仔魚】
● ★★★★★ ●

【瓠瓜炒麵】

西
瓜
冰
沙 ★

★★★

【沙沙西瓜】
餐後 水果.

·東莒大埔食堂·
畫下每日餐桌上
的料理,瓠乀丫
榮登食材出現
No.Ⅱ ★

南瓜
Sweet!!

【瓠瓜雞湯】

米粉
★★★

【南瓜炒米粉】

Sweet!!

【香瓜】

國軍
紅燒豬肉
·馬祖限定
yummy!!

【肉骨茶香菇
雞 湯】

【瓠瓜炒米粉】
★★★★ 加國軍豬肉

Yummy!!

國軍豬肉
馬祖限定?!

產地直送
大埔瓜瓜食堂

國軍鯖魚

馬祖限定

瓠瓜炒麵、瓠瓜雞湯、南瓜炒米粉、蝦皮炒瓠瓜、味噌苦瓜、瓠瓜炒米粉佐國軍豬肉
罐頭、飯後水果再來份西瓜、香瓜……,各種清熱消暑的瓜果是「大埔夏日瓜瓜食堂」
的美味亮點!

東引島 Dongyin

東引列島由東、西引兩座島嶼組成，風景壯闊的震撼度名列馬祖所有島嶼的第一名。超過百年歷史的東引燈塔、豐富的植物生態、驚人的海蝕地貌與身為黑尾鷗全球最南的繁殖地，東引島成為我私房推薦此生一定要造訪的島嶼！

 抵達方式：

●由基隆港搭乘夜臥船臺馬之星，隔日清晨抵達，航程約 8 小時。

●由南竿福澳港搭乘臺馬之星，航程約 2 小時。

●島上旅行方式：步行 / 租機車

候船大廳   臺馬輪. 基隆。

柚子 → | Iris's Bag | Jeff | ← 阿兵哥

9:10 PM
waiting for
boarding.

臺馬輪進出港時間表

時間\港口	抵港(±30)	購票	補位	聯檢(登輪)	離港	車輛托運
福澳(雙日)	07:00	07:00〜08:30	08:30〜09:10	08:30〜09:20	09:30	08:10〜08:30
福澳(單日)	08:30	07:30〜08:30	08:30〜09:10	08:30〜09:20	09:30	08:40〜09:20
中柱(雙日)	11:30	前日14:00〜17:00		11:00〜11:50	12:00	11:40〜11:50
中柱(單日)	06:00	前日14:00〜17:00		06:00〜06:20	06:30	06:10〜06:20
基隆(雙日)	19:00	20:00〜22:20	21:30〜22:20	21:30〜22:30	22:50	19:30〜20:30
基隆(單日)	17:30	20:00〜22:20	21:30〜22:20	21:30〜22:30	22:50	19:30〜20:30

基隆訂票專線：(02)24246868　傳真：(02)24201829
馬祖訂票專線：(0836)26655　傳真：(0836)26677
東引訂票專線：(0836)77555　傳真：(0836)77557

新華航業股份有限公司　敬製
http://www.shinhwa.com.tw

航線

* 先馬後東：基隆2250開航翌日0700抵南竿，0930開航1130抵東引，1200開航1900返回基隆。

* 先東後馬：基隆2250開航翌日0600抵東引，0630開航0830抵南竿，0930開航1730返回基隆。

* 夏令時間，臺馬輪實施東馬東臺航線：基隆2250開航翌日0600抵東引，0630開航0830抵南竿，0930開航1130抵東引，1200開航1900返回基隆。

* 本輪抵達南竿、東引時間，因受海象、潮流、夏令與冬令等因素影響，誤差約±30分鐘；若因濃霧，誤差可能達一小時左右。

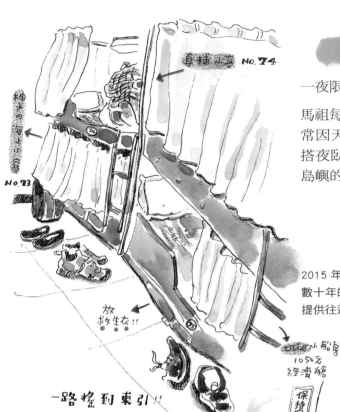

臺馬之星

一夜限定的海上背包客小窩。

馬祖每年 3 到 5 月的霧季期間，
常因天候因素影響空中交通，
搭夜臥船臺馬輪是另一種抵達
島嶼的選擇與有趣的體驗！

小提醒

2015 年 8 月 12 日起，行駛於臺馬間
數十年的「臺馬輪」改由「臺馬之星」
提供往返運輸服務。

夏輔小窩 NO.74

柚子の海よか泊 NO.73

放救生衣!!

エアビゲ小船房
1050元
經濟艙

保持安靜

21〜30

11A
11B
31A
31B

一路搖到東引!!

May 3, 2015. 22:20PM

從閃亮華麗の基隆港發船後，
駛入一片黑沉夜色の大海，
臺馬輪の夜鋪之旅比想像中
安靜，大伙一上船大都直奔窄小
眠床躺東縮著擠昷，數ㄠ反胃地
躺著船發出呼呼聲響與窗外
まん の海浪聲，東引，明日見!!

臺馬輪 TAI MA 收據聯

票號 D10409241
航程 基隆-東引
開航日期 104年05月03日
艙等艙位 經濟1艙-74
票價 1050元以含稅
性別 女
姓名 張瓊文
年齡
身分證字號 Q222○○○○

臺馬輪·
經濟 1 艙.1050元
雙床位.上下鋪。
·床內有小燈布簾。
海上背包客房!!
反胃哦!!!!

May 3, 2015. 22:30PM

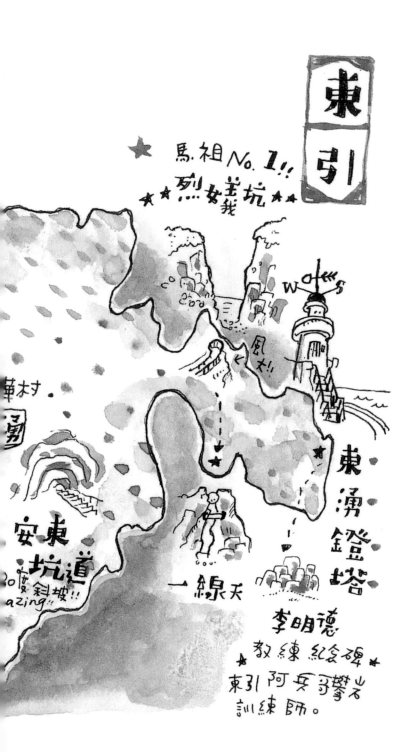

馬祖 No.1!!
★★烈女我坑★★

東引

華村 3男

風大!!

東涌鐙塔

安東坑道
雙斜坡!!
Amazing!!

一線天

李明德
教練 紅爨碑
東引阿兵哥 攀
訓練師。

東引散步地圖

熱愛徒步旅行的我，和朋友們以及在半途中加入的可愛拉布拉多狗狗，一路由西引來到了東引，把島上所有的景點走畫而完成美好的徒步地圖！比起騎機車，靠著自己的雙腳旅行，這樣的方式對發燒的地球來說，或許更加友善吧！

東引燈塔

由英國人築於 1902 年，1904 年落成，為 18 世紀英國式建築風格，1988 年評定為台閩地區三級古蹟，是我國位置最北的古蹟。

早期，燈塔位於管制區，守塔員須攜家帶眷住進塔裡，因此園區內設立了雞舍、豬舍等為食物來源。在物資缺乏的年代，守塔員的生活令當地人羨慕不已，燈塔也因此被稱為「東引別墅」。

現今有一塊石碑刻有「閩海關　東湧鐙塔」。

忠誠門

堅守到底
克敵致勝

曾經是進出東引島的重要門戶，中柱港啟用後，便失去鎮守的功能。
現在的忠誠門依舊守護著東引，城門後聚集的餐廳也填飽旅人們的胃!!
★ 想覓食+補充體力就到這裡吧!★

都是紅色!

樸 儉 勞 勤　　　　實 勁 法 崇

2015. May

← where you may find 7-11. restaurants!

安東坑道

★ 30度陡坡！
★ 464階！
★ 300公尺長

馬祖島上坑道數量龐大，而擁有 8 個洞口，可供一、兩百位官兵進駐的安東坑道，是旅人必訪的巨型戰備坑道！彈藥庫、中山室、寢室甚至是豬舍，一應俱全。

每年的夏、秋兩季，從洞口的平臺看出去，可以發現燕鷗築巢的身影，2011 年還曾舉辦露天音樂會，讓坑道多了點浪漫氣息。

打通二重山 的巨大戰備坑道內，
共有8個可通往海邊的扎洞，中山室.
豬舍！彈藥庫分散在各個角落，
一踏進全長300公尺. 30度斜坡 的
安東 坑道便 一路向下，回程時考驗著
每個人的體力與堅強意志！！

燕秀潮音

May 6, 2015, 18:02 PM

東引小旅行最末景點,宗渴藏在
漫草中の小石板路,不傷路徑の路
帶我們來到大自然
息各神工の燕秀潮音!

燕秀潮音

西引

標語

巨岩上的軍事標語
是東引往鯉魚島途中
難忘的風景。

事在人為
人定勝天

西引標語

May
2015 · 西引

鯉魚島 · 西引

西引標語

西引 → 東引
★散步（行軍）路線

★食物補給

忠誠門
★廁所

東引燈塔

西引龜龜魚鳥

Good Morning
東引！May 4, 2015. 6:50AM

first sight of 東引!!
foggy morning. 靜悄悄讓人平靜の
大海，我又回來了!!!   Iris

Breakfast time
with Jeff. Jane !!
馬4.海浪聲.五星級時光!!

一之軒
← 麻糬小足 sweet!
Jeff

← 杯子

→ Jeff's handmade bread

國之北疆

北固礁：我才是真正的台灣最北國土！
台灣最北國土！

位在東引·后澳上方約
600M 的 北固礁是台灣
最北的國土，抓對退潮
時間，才能看見喔!!

北緯: 26°22'58.8"
東經: 120°28'34.0"

2015. May

『西引・后澳』

東引島の美全聚集在島嶼角落,
海蝕門.柱.洞全集於西引の后澳,
浪淘動著發出咯"聲響"の卵石,坐
在鬼斧神工般の巨石下畫:,心情平
靜.幸福無比!!
may 6, 2015_12PM

西引 · 后澳

畫畫的腳邊,滾動的卵石發出好聽的卡啦～卡啦～聲響,望著那令人
震撼的海蝕岩壁,此刻彷彿置身世界盡頭的神祕角落!深深地覺得,
隱身在壯闊風景裡,身心被如此的景致撼動著,讓人感受人類是如此
的渺小,更應該用謙卑的言行面對大自然。

『西引・東澳』

·澳被傷迫坭風格の
·假萬里城·城牆包圍
感恩亭 中柱堤·東引
→ 車船橋
→ 圓園囝

May 4, 2015 (Mon). 11AM
◄Foggy day► 西引

坐在巨石面前，終於懂了許多人中：東引岩石更壯闊の意思。
從海面拔起の山壁以橫直向構成，小小灘。
海浪滾動卯る。聲響，壯麗且迷人。

Info 不可錯過的景點還有這裡！
三山據點 / 清水澳 / 感恩亭 / 海現龍闕 / 北海坑道 / 一線天 / 擂鼓石 / 太白天聲
私房推薦：攀岩訓練場仰高台（李明德紀念碑）/ 烈女義坑

Part 2.
島嶼的 N 種慢生活

今天想吃點海味嗎？到海邊開冰箱吧！

「海岸就是我們的大冰箱！藤壺、佛手、海鋼盔、蟚螺……

想吃什麼就到海邊吧！」

在臨海的馬祖，大家總是這樣豪氣地說著。

若能幸運地在當地人的帶領下到岸邊開冰箱，

也是體驗島嶼生活的一種方式！

除此，在馬祖的各個島上，

還有 N 種的生活方式喔！

以 × 換生活
馬祖·東莒
7/17～31。

UNI AIR
7 D
松山
↓
南竿

No. 076414
南竿一號
登票 NT 200
103.7.17
馬祖之星

柚子 2

making a quick
sketch before
landing !!

July 17
馬祖
9:10～10 AM

Free drink:
Water. 喝完剛好 降落

道坑八八

陳年老酒儲存區

July 17
11 AM ~
葡萄酒香
四溢の坑道,
飲這坑道中走
酒散發龍眼味
漫畫:雲淡陶
滷水。

大埔聚落換生活

連江縣政府文化局將無人居住的大埔聚落，交給「好多樣文化工作室」並發起了「大埔聚落以 x 換生活」招募計畫，招募對空間、環境改善或願意來參與當地生活的各領域朋友，每個人用擅長的方式創造與回饋聚落。我也因為參與了這項計畫，用畫畫交換近兩週的島嶼生活，這座療育之島不僅是自己認識馬祖的開始，也讓大埔成了心中另一個「家」！

Day 4
7月20 (日)
第4日の早晨 第一集：
耐心 母雞，昨天下
午趁著 Ma² 離
開卵蛋現場時
取走 牠の蛋寶=們
(外表非常光滑)，聽說
這樣 牠會繼續下蛋。
看著守著空=現場仍持續
耐心 卵 O の牠感到不妙
麥忍，畫著畫著，牠一度眨起
眼 睡著了。— 6:50 AM·東莒小花台

生活在他方的簡單生活

07:00 晨光乍現，坐在添丁發財起居室前，吃著簡單的土司配上香濃咖啡，一旁公雞帶著雞群在菜園裡晃著。

09:00 穿過錯落的石階到娛樂廣場上，用畫筆收集散落的迷人老石屋。

14:30 熱呼呼的午後，先到大埔 64 據點跟社協阿姨買根用當季水果作成的美味冰棒，洛神花、西瓜……，好想每種口味都試試看！

15:00 慢慢散步到魚路古道，找張掛在林間的吊床，在微風吹拂下睡了個沉沉的午覺。

18:00 日落時分，倚著大埔港的大石，遙望襯著黃昏景致的美麗澳口。

Hot coffee

Toast with
Peanut Butter

Breakfast
東莒
大埔

添丁發財起居室〔廚房〕

戶外晒貝類廣場！
沙蛤‧佛手‧珠螺‧淡菜‧
漂流木

Day 5 · 7月22 · 8:30AM
風風來臨前夕?
今早白雲變得厚且移動
速度加快,9點烏雲
加入,海上白頭浪略增,
6點多散步到大埔漁港.
畫了張圖,找到極隱密
的る角落躺下聽海潮
發出の吐聲響,白雲在
頭頂上快速飄過,蝴蝶
鳥.皮老闆.螃蟹都是您
閒海邊晚覽の陪伴風景。

72

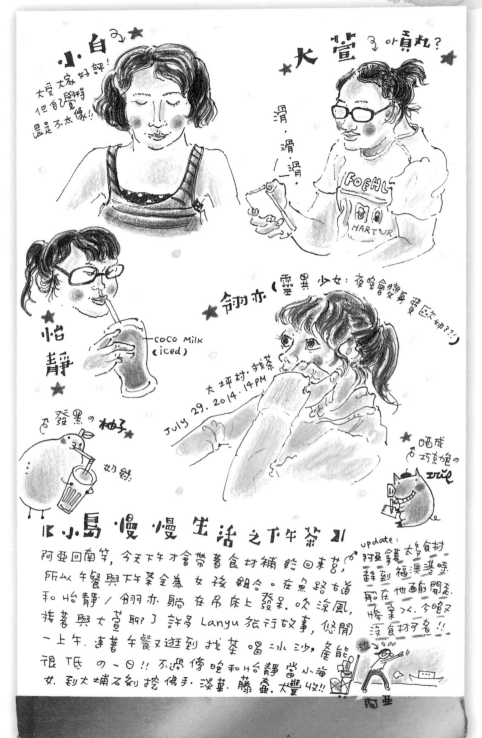

小白 ★
大受大家好評!
但自己覺得
還是不太像!!

大萱 ♪阿真丸?
滑·滑·滑·

FOEHL
HARTUR

怡靜 ★
coco Milk
(iced)

翔亦(靈異少女:夜晚會總身費歐神?!)
大坪村·找茶
July 29. 2014. 4PM

發黑の 柚子
奶鐵

晒成巧克力の

《小島·慢·慢生活 之下午茶》

阿亞回南竿,今天下午才會帶著食材補給回東莒,
所以午餐與下午茶全為女孩組合。在魚路古道
和怡靜/翔亦躺在吊床上發呆·吹涼風,
接著與大萱聊了許多 Lanyu 旅行故事,悠閒
一上午.連著午餐又逛到找茶喝冰沙,產能
很低的一日!!不過傍晚和怡靜當小海
女.到大埔又到挖佛手·淡菜·藤壺·大豐收!!

update:
阿亞鏟太多食材
輾到福澳港時
躲在他面前開走
橋案又.今晚又
沒食材了!!

阿亞

73

小島浪漫夜生活

馬祖的夏季炎熱，
入夜之後舒服的涼風
帶走燥熱的暑氣，
夜空裡掛滿星星，
大海中無數的
藍色小眼睛
不停地眨呀眨，
帶罐冰涼啤酒，
找個舒服的角落，
靜靜地擁抱島嶼的
夜生活吧！

大埔聚落

一閃一閃亮晶晶，滿天都是小星星‼

小資訊：只要避開有光害的地方加上氣候佳，不分四季在馬祖各島都能看到美麗星空。

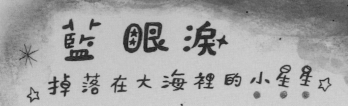

藍眼淚
☆掉落在大海裡的小星星☆

春、夏限定藍眼淚

馬祖的星星全墜入大海裡吧？深沉夜色中，海面點點閃爍，如一顆顆耀眼的藍色鑽石。隨著浪潮拍打，島嶼的許多角落佈滿了充滿溫柔療癒力量的藍色啤酒海！小小的藍色眼睛就這樣眨呀眨，把旅人的心都黏住了。

藍眼淚小教室

藍眼淚是一種「夜光藻」，會因海浪拍打受到驚擾而發出淡淡的藍色螢光，老馬祖人稱它為「丁香水」。過去只要看到藍眼淚出現，以它們為食物的丁香魚群就會被吸引過來，因而能捕獲大量的丁香魚。而沙灘上的星沙其實是「介形蟲」，因為吃了會發光的夜光藻，再加上被踩踏受到刺激也跟著發出螢光藍星芒。

藍眼淚雖然迷人，但夢幻景象的背後其實藏著工業文明汙染的嚴重警訊喔！

鄰近的大陸閩江口排入夾帶大量工業、住宅的廢水到海裡，嚴重優養化的海洋提供夜光藻需要的養分，再加上氣候溫暖，夜光藻大量繁殖，受到趨光、潮水與湧升海流，聚集在海面形成如夢似幻的藍色啤酒海。

然而這些藻類的大量繁殖，若黏在魚鰓上，會阻礙魚類呼吸並使得海水中的氧氣消耗殆盡，間接造成海洋生物死亡！

藍眼淚雖美，但珍貴的海洋資源應多加保護，而不只是擁有無法永續經營的夢幻錯誤。美麗真相的背後往往殘酷，但多關心自然生態，是身為地球一份子的你我都應該做的！

藍眼淚　　攝影◎陳世傑

尋找藍眼淚的最佳時機

【季節】

每年四到六月出現機率最大，直到八月仍有機會看見，但數量較少。

【海溫】

夜光藻喜愛溫暖潮水，當水溫接近 22 度時，看到藍眼淚機率較高，海溫資料可至中央氣象局網站查詢。

【潮汐】

乾潮後一小時至滿潮前半小時，當漲潮時海浪拍打岸邊，藍眼淚因拍打受到驚擾而發出藍光。

【無光害】

記得找個無光害環境並在月亮出現之前，觀賞效果較佳。

最佳拍攝器材

除非幸運遇上藍眼淚大爆量，用肉眼就能目視，大部分情況會因為散發的藍光太微弱而無法拍攝，務必使用專業相機長時間曝光，手機是無法拍出肉眼看見的效果。

● 數位相機：建議使用類單眼以上。

● 快門線：因為需要長時間曝光，使用快門線可避免畫面晃動。

● 腳架：海岸邊風勢強勁，避免相機被吹倒。

小提醒

● 不要為了製造拍攝效果而向海面丟擲石頭，不僅破壞當地原本的環境樣貌，也可能使海中的魚群、生物受傷！

● 海岸邊地形多變化、礁石濕滑，務必準備手電筒，使用時勿向海面與人照射，以免影響他人攝影。

● 馬祖的蚊子大軍陣容龐大，隨身帶著防蚊液可防止「捐血量」過大！

● 藍眼淚為自然現象，並不能保證每天都能見到喔！

● 夢幻美景用相機記錄、用眼睛收藏美好，心或許就此留在小島上，但自身製造的垃圾務必記得帶走！

行政院新聞局出版事業登記局版臺報字第0031號
中華郵政臺北閘字第貳號執照登記為新聞紙類

發行人：楊綏生　　社長：宋

馬祖日報

第一九七五三號　　MATSU DAILY NEWS　　今日出版對開一張　每月收費一

鱷魚季報到

鱷魚季報到

南北竿的漁港捕穫1千斤

鱷魚，甚至可多到2～3千斤

福澳港鱷魚大豐收

酥炸好吃!!

挺準時!!

在南竿機場搭了公車到福澳港。

公車行駛機場班次表

隴發車

07:10	08:00
08:30	09:00
09:30	10:30
11:00	11:30

馬港發車

06:10（海線）
08:00（海線）
08:30（山線）
10:00（山線）
　⋮
15:30（山線）

馬祖當地新聞報, 因漁業與海洋生活相關!!

今日天氣

馬祖	台北	福州
氣溫: ㊣至㊣度	氣溫: ㊣至㊣度	氣溫: ㊣至㊣度
多雲 26 30	多雲短暫雨 35	陣雨

今日開運指南

農曆: 二月初十日
宜: 祭祀、嫁娶
忌: 作灶、安門

今日潮汐時間

第一次潮水
漲時: 05:22 滿潮: 119 公分
退時: 11:27 乾潮: −87 公分
第二次潮水
漲時: 17:28 滿潮: 103 公分
退時: 23:57 乾潮: −161 公分

台灣海峽北部海面三天氣象預報

21日: 西北轉偏北風 5至6陣風8級
22日: 偏北轉偏南風 5至6陣風8級轉4至5陣風7級
23日: 偏南風 4至5陣風7級

50元南北竿 班車一日遊。

報上會有潮汐表, 游泳可作參考, 退潮時 降低被海水帶走, 要避開此時段!

黃緣螢光螢

認証為全球新種, 仍未列入特有種。 棲息於東莒, 棲地: 中央大道
一〇二年三月二十一日

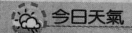

馬祖日報

shiny!

馬祖海中. 沙灘中有 會發出藍光 の藍眼淚
介形蟲 (因吃了 有blue光の 藻而跟著發光)
小島上似乎都住著 神奇.發光の生物?!

No.1 ★ 藤壺　會張開吃東西　沒熟就敲外圍殼, 再鑼起 殼/肉
口感如螃蟹, 肉長在硬殼內の如蚌殼中, 肉小美味!

No.2 佛手 (史瑞克拇指?)
口感甘甜, 先咬開→吸汁→剝殼→吃肉, 外型雖恐怖
但大受好評!!

No.3 淡菜
淡菜與佛手相同, 都愛生在石縫凹處, 大片聚集長,
殼下方有足絲(深咖啡)固定, 需費力才能找出淡菜。

螺
珠螺　觀音螺　辣螺
內側→　　　嫌棄你小蓋♥

7月29, 2014 · 4~7pm
開冰箱兼健身之
晚餐食材採集午後,
下午4點多和怡靜帶著
2端厚度略不同の
鐵柄來家裡空の二小
箱準備晚餐食材!
看似堅硬の藤壺榮登
最好採集No.1, 佛手易
把底端外層弄得殘破!

大埔石刻牌冰箱

自食其力小海女

藤壺★　　★佛手★
石鱉　★淡菜
海鋼盔

大埔澳の海上住民

大埔聚落の漁夫們
離開了,留下了一個生物樂園。

海葵

外觀如珍珠奶茶
中の美味.Q彈珍珠
若以手指壓住,
海葵中央會吸住.並
由側邊噴水.直到
變乾:!!可食!又用手壓
扁.去沙.抹點太白粉煎
口味.....吃一個就夠了!!!

石鱉

身體中間似硬甲殼,
外圍稍軟の組織環z
吸附在長滿如 frog's egg
の岩石上,有如鐵甲武士!!
肉可食.乾後會捲曲成浅伏狀
分.

拜!!

石縫中藏著不少
貝類。

不知名螺
移動速度緩慢!

海蟑螂

★★石上最多の住民。
皮老闆?!

林坲幼嶼
Ling-ao. island

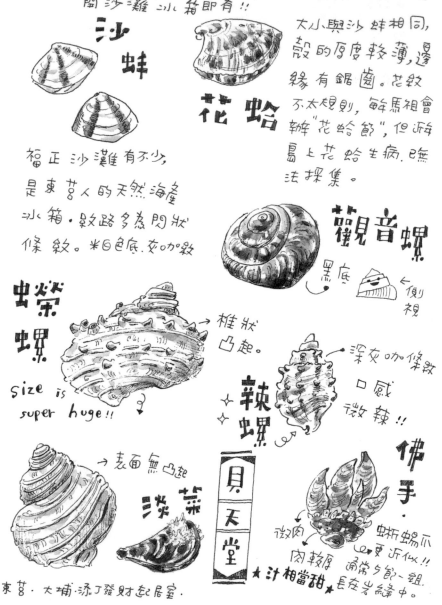

馬祖食堂▶蔬菜自耕農．牛肉多從台灣帶回冷凍．新鮮海產開沙灘冰箱即有‼

沙蚌

花蛤

大小與沙蚌相同，殼的厚度較薄，邊緣有鋸齒。花敘不太規則，每年馬祖會辦"花蛤節"，但游島上花蛤生病。臨法採集。

福正沙灘有不少，是東莒人的天然海產冰箱．敘路多為閃狀條敘。粉白色底，夾咖敘

觀音螺

黑底　←側視

嶸螺　→椎狀凸起。

size is super huge‼

辣螺　→　深夾咖條敘　口感微辣‼

→表面無凸起

淡菜

貝天堂

佛手．

微肉　肉較厚

蝦蝲爪更近似‼　通常多個一組　長在岩縫中．

東莒．大埔．添丁發財起居室．

★汁相當甜

到海岸邊採集貝類雖然有趣，請務必記得，只拿取夠吃的量，體積太小的螺、貝類就讓它們繼續留在原地，不過度消耗自然資源、讓島嶼擁有休養生息的時間，美麗的馬祖與地球的自然生態才能永續經營。

老酒藤壺蒸蛋

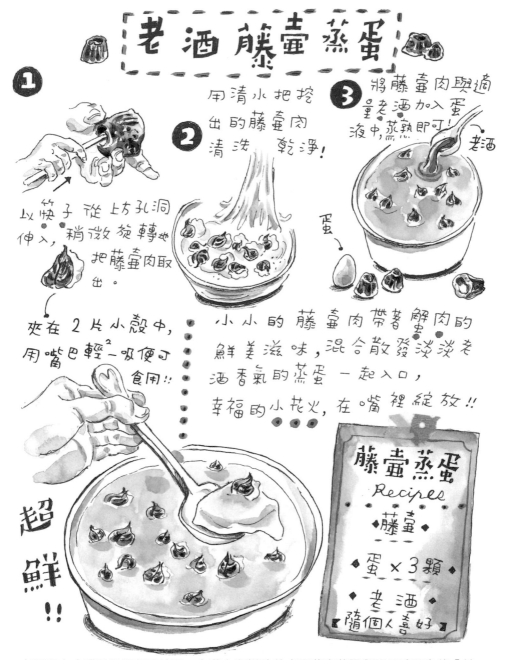

①

以筷子從上方孔洞伸入，稍微旋轉地把藤壺肉取出。

② 用清水把挖出的藤壺肉清洗乾淨！

③ 將藤壺肉與適量老酒加入蛋液中，蒸熟即可！

老酒

蛋

夾在 2 片小殼中，用嘴巴輕²一吸便可食用!!

小小的藤壺肉帶著解肉的鮮美滋味，混合散發淡淡老酒香氣的蒸蛋一起入口，幸福的小花火，在嘴裡綻放!!

超鮮!!

藤壺蒸蛋 Recipes

◆藤壺◆

◆蛋×3顆◆

◆老酒◆
隨個人喜好

老馬祖人才喝過的海葵酸辣湯、充滿大海鮮味的老酒藤壺蒸蛋與夏日啤酒良伴「辣螺」，跟著在地媽媽教的簡單三步驟，輕鬆把貝類美食端上桌！

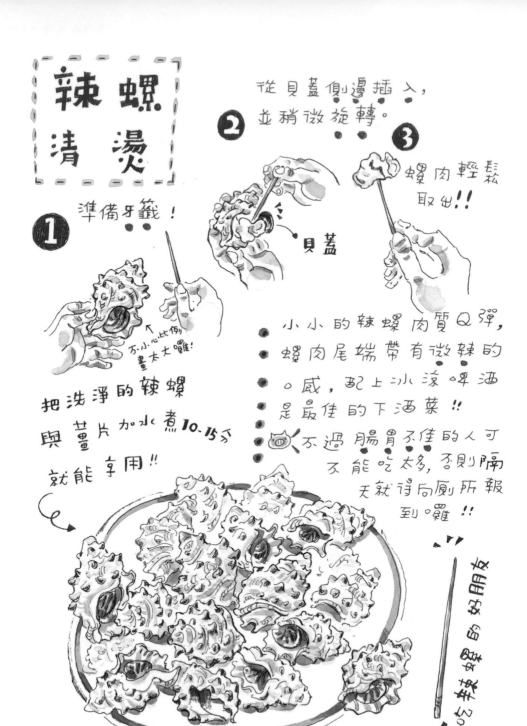

辣螺清燙

② 從貝蓋側邊插入，並稍微旋轉。

貝蓋

③ 螺肉輕鬆取出!!

① 準備牙籤！

不小心比例畫太大囉！

把洗淨的辣螺與薑片加水煮10~15分就能享用!!

小小的辣螺肉質Q彈，螺肉尾端帶有微辣的口感，配上冰涼啤酒是最佳的下酒菜!!

不過腸胃不佳的人可不能吃太多，否則隔天就得向廁所報到囉!!

辣螺是啤酒的好朋友～

海葵酸辣湯

【食材】
海葵·約500克·

【配料】
蛋·豆腐·黑木耳
筍絲·酸菜·蔥

【調味料】
白醋·醬油·太白粉

馬祖的海
岸邊常能
發現海葵
的身影，
奇特的外型
被馬祖人取了

先來處理!! 「毛毛蟲」的可愛
綽號！口感
脆脆的,挺鮮美!

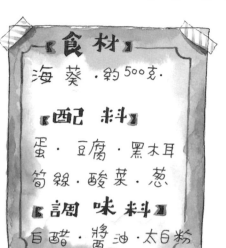

← 塩

海葵 用水清洗後,
用塩巴搓揉,去除黏液。
接著對半剖開。

① 把筍絲·黑木耳·
酸菜加入煮滾熱水。

② 太白粉
海葵裹上太白粉,
放入湯中煮熟!

③ 加入白醋·醬油
調味。

放入豆腐,
加進蛋汁後,
用太白粉水
勾芡!最後記
得灑點蔥花!

獅子市場的晨間限定好味道

早起的晨間時光，介壽獅子市場外頭個子嬌小的可愛依孃們排排坐，五顏六色的塑膠籃子裡展示自家栽種的蔬果與溢滿新鮮海味的螺貝，爬上階梯往市場二樓最熱鬧的角落走去，點上一碗熱呼呼的鐤邊糊配上剛出爐的繼光餅，食量夠大的，再來份美味蝋餅，活力滿滿的一天，就從逛市場開始吧！

小提醒　南竿介壽獅子市場大約九點前便收市，
　　　　想要品嘗當地早餐記得早起前往。

馬祖漢堡
Matsu Burger

將略微炸過的繼光餅對半剖開，夾進現煎的肉排、煎蔥蛋，美味滿分!!

吃早餐囉!!

超群

馬祖漢堡

繼光餅夾蚵蛋
[升級版]

想要吃得更豪華些，在炒蛋裡加進肥胖飽滿的馬祖蚵仔，澎湃的組合，飽足感十足!!

蚵仔

炒蛋

在繼光餅內夾入香氣四溢的肉排、蔥花煎蛋就是美味的馬祖漢堡！馬祖人習慣先將繼光餅炸過後再夾進配料，若想要吃得輕淡些，記得事先告知老闆。

Info　美味馬祖漢堡哪裡找？　　南竿馬港 · 超群繼光餅 / 大眾飲食店

繼光餅。寶利軒

每天早晨，吃上幾個
繼光餅是最幸福的食光!

❶ 老麵發酵中!

❷ 用心用炭火烤出
繼光餅好滋味!!

← 大餅 (甜口味)

用老麵發酵的繼光餅，
一口咬下，飽滿的芝麻香與麵糰鹹香溢出。
單吃或夾進蚵蛋，都極美味!!

‖ 繼光餅 ‖

「整個馬祖以傳統炭烤方式製作繼光餅的店家，就只剩我們囉!」寶利軒的老闆娘阿姨這樣告訴我。從 1973 年創業至今仍堅持十分費工的傳統製作方式，發酵後的老麵在表面拍上芝麻，接著貼在燒燙的爐壁表面用炭火慢慢烘烤，新鮮出爐的繼光餅，表皮帶著誘人可口的金黃色澤，一口咬下，飽滿的麵團與芝麻香氣在口中化開，帶著炭火與淡淡鹹香的滋味，早餐吃上幾個繼光餅是每日早晨最期待也最幸福的食光!

Info 哪裡買？　本店：南竿介壽村 96 號
　　　　　　　市場：南竿介壽獅子市場 2 樓 (約 6:30 ～ 8:40，賣完為止)

小提醒　剛出爐的繼光餅常以秒殺的速度販售一空，和市場內的鐤邊糊並列人氣王，記得早早起床到市場購買。

山隴 獅子 市場

活力の一天,從逛市場開始

冬日の市場裡不見夏天豐滿の貝類,蔬菜成為主要亮點·肥美鯖魚
蔥,大白菜,花椰?南瓜·地瓜·包心菜滿滿

★阿妹的店★
山隴獅子市場裡在地人·Tourist必來的美味店家!新鮮·豐滿食材就很美味!

錦邊粘月

米糊在鍋邊加熱後,鏟入用魚鮮熬成高湯中,因米成半濃稠狀湯裡有滑の口感！fresh魚肉,鮮蝦,相,黃瓜,冬瓜,軟·脆(夏)·綿密·構成多種口感,是一味可暖胃,早餐!!夏季常點多鹹!

阿姨把糯留到鍋邊馬上蓋起鍋蓋。

...馬加魚.

[蠑螺]
[笠螺]
.魚干.
[淡菜]

在來米米漿在鍋邊加熱後,將其鏟入用大骨、蛤蜊、鰮魚干等多種魚鮮熬成的高湯中,白帶魚、鰮魚干、蛤蜊、木耳、冬瓜構成層次豐富的口感,每一口都能品嘗到馬祖滿滿的鮮味與老闆娘用心作料理的誠意!

炸蜱餅。

Dec. 26, 2014 +7AM 冷,微雨
畫=呼好多阿姨,和阿媽湊近,直
呼畫的好漂亮 ♥ +南竿山隴獅子
market

收入の零錢。

麵糊 ★

★ pork

加入高麗菜,蔥,炒過の粉絲

① 麵糊上放上粉絲,升級版加上豬肉。

② 舀一瓢 麵糊包住粉絲,
Pork, 有の還加入 egg!!成為
圓滾² 胖" 模樣!!......

③ 若內餡有
包入pork,阿姨會
在麵糊上放小pork作記號!

④ 油炸!!

★ 蜱餅 是馬祖有名小食,
蜱在馬祖話中為「蚵」,但現
在吃到の蜱餅較少加入,
多是 粉絲(還有高麗菜. carrot)
egg. Pork. 是日下午茶飯"選擇!

‖ 蜱 餅 ‖

阿姨快手加入蔬菜拌炒的米粉,並放在以在來米作成的米漿糊上頭,再加上一口咬下便會爆漿的半熟蛋與豬肉,待最上頭抹上麵糊後,下鍋洗熱油澡,炸成胖嘟嘟狀,澎湃版的蜱餅因為飽足感十足,是島上早餐或午茶的熱門小食!

Info 「蜱」在馬祖話是「牡蠣」的意思,早期「蜱餅」因內餡加入牡蠣而得此名,但現在吃到的「蜱餅」內餡多以粉絲餡料替代,外型與台灣常見的蚵嗲有些類似。

餐桌上的旅行

喜歡以「收集當地美食」成為旅行的主軸，用「食物的味道」為每段
旅程留下不一樣的回憶！若你還沒到過馬祖，就先跟著插畫來場餐桌
上的美味小旅行吧！

馬祖美食
好咧

料理達人

【翁玉菁女士】

謝謝在馬祖島居期間，玉菁阿姨讓
我度過了許多幸福時光！

火少海盆

Q彈螺肉

什錦魚麵

用多種魚類打成漿作成の魚麵，
色澤有些米灰色，透光時仍能見到
不太規則の魚漿，口感如切成薄
片の魚板。營養滿分!!

Info 哪裡買? 滿分 ・店址:南竿馬港光武街 74 號 ・0836-25531

私房推薦:手工魚麵、魚丸、地瓜餃

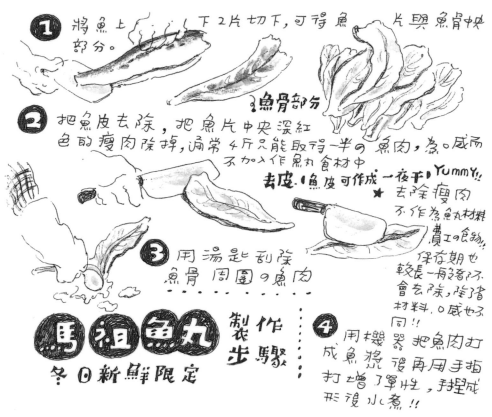

1. 將魚上　下 2 片切下，可得魚　片與魚骨快部分。

2. 把魚皮去除，把魚片中央深紅色的瘦肉除掉，通常 4 斤只能取得一半の魚肉，煮。咸而不加入作魚丸食材中

去皮．魚皮可作成一夜干 Yummy!!

★ 去除瘦肉不作為魚丸材料費工的食物，保存期也較長—兩者間會去除，做了省材料，口感也不同!!

魚骨部分

3. 用湯匙刮除魚骨周圍の魚肉

馬祖魚丸 製作步驟
冬日新鮮限定

4. 用機器把魚肉打成魚漿後再用手指打增了彈性，再捏成形後小煮!!

手工魚麵達人

和魚麵達人阿姨相遇在那個難忘的午後。

不見旅人的空蕩街頭是如常的馬祖冬日風景，阿姨蹲坐在地上處理一條條肉質飽滿的馬加魚，切頭去尾後準備將它們製作成在地傳統美食魚丸。

和親切如同自家阿姨的她聊著天，而手中的畫筆也開始記錄一般匆忙來去旅人難得見到的風景：細心示範製作魚丸的處理步驟、熱情為我與朋友煮得熱呼呼、加入滿滿配料的澎湃版魚麵以及不停端出的自製一夜干、酒糟醃魚、自釀老酒！

漫無目的閒晃的這一日，好奇心讓我停下了腳步，畫筆讓我有機會收藏阿姨那堅持手工製作的美好心意，而一起收進畫冊裡的，還有那無法用言語表達的滿滿感動！

馬祖 BURGer

Matzu Bagel !?!

繼光餅 with egg. Pork

老酒麵線

四餐溢
香午 →
酒の
醉 !!!

*多 !!

枹 · carrot · 辣椒 · 蚌仔
egg · 高麗菜 · 肉絲 · 老酒

* 北竿 · 依媽小吃 · 阿媽自家
店內 all food · sauce 部自己
作 !! 特推 辣椒自動搭給我

< 繼光餅 / 老酒麵線 在冬日
吃起來比夏天吃到時更 yammy。
果然是屬冬日食物吧 !!......

40度
高 粱
小 麥

Hot !!? 醉 !!

國之北疆

米粒上沾滿了辣紅酒糟

酒糟炒飯

馬祖美食

佛手 · 辣椒 · 蒜頭 · 醬

海鮮 · 老酒 · 酒糟 是 Matsu 美食の 亮點食材 !!

老酒麵線

馬祖美食 No.1

【材料】
- ★ 薑
- ★ 蔥
- ★ 蛋
- ★ 麵線

肉絲

【調味料】
- ● 麻油
- ● 老酒 2 匙
- ★ 希望湯頭更濃郁，就多加一點!!

不論是老酒麵線中的老酒，還是全進補首選，暖呼呼的老酒麵線，是滿補身骨的，生生月子，

Recipes

1 爆香老薑，煎熟蛋，備用。

原鍋加入肉絲炒香!

2 炒香的肉絲加入清水煮滾後，放入麵線煮熟。

3 最後加進老酒，灑上蔥花!!

開動!!

紅糟炒飯

健康美味滿點!

Recipes

1. 將肉絲拌入紅糟醃漬入味!

2. 把蛋炒熟備用。

3. 紅糟 飯 蛋

炒熟肉絲後,加入飯.紅糟.蛋拌炒均勻!

灑上蔥花,開動!!!

【材料】

隔夜飯
蛋
肉絲
青蔥

【調味料】

紅糟

紅糟是製老酒後,過濾出的酒糟,能降血壓.血脂,多食有益健康!!

涼拌紫菜佐蝦皮

【材料】
- 紫菜
- 蝦皮
- 蒜頭
- 辣椒

【調味料】
- 醋（適量）
- 糖（視個人口味調整）

① 幫紫菜洗澎澎!!

用清水把紫菜與蝦皮清洗乾淨後，瀝乾水分。

② 辣椒 糖 醋 蝦皮

加入蝦皮後，拌入蒜末.辣椒.醋與糖調味,最後送入冰箱冰鎮!夏日開胃良伴!!

酸.甜.辣

下飯指數:100%

跟著在地人這樣吃

除了老酒麵線、紅糟炒飯、繼光餅這些有名的傳統美食外，

酥炸海葵、平安蛋湯、鰻魚卵、海葵酸辣湯、迷你糕、糯糖……，

一道道只出現在老馬祖人餐桌上的經典美味——上菜囉！

炸海葵

鰻魚卵

肉燕魚丸湯

炸過的海葵。感
脆脆的，外型像"毛毛蟲"，
吃的時候還需要點勇氣!!

(炸過)平安蛋
魚丸
金針
肉燕

川燙海鮮

野生淡菜

佛手

竹蟶

紅糟鰻魚

醃老酒後的紅糟也不浪費,
(Fried) 可用來作成紅糟炒飯,紅
糟火鰻魚,紅糟排骨,
紅的色澤好美味!!

燙海葵配辣筍

水煮的海葵,
口感較炸過的
更清脆甘甜!!

紅糟雞

炒花蛤

東莒三寶之一の花蛤外衣上
有如原住民圖騰
淺灰.咖啡色+咖啡色花紋.
夏日吃到の較肥美呀!!!

特色小點心

糯糍

糯米皮內包入紅豆泥內餡，外頭滾上糯米蒸熟，口感微甜。

【剖面圖】 紅豆內餡

白丸

白色小湯圓

可甜·可鹹!!

超Q!!

迷你糕

早期馬祖人的童年點心。用太白粉·紅蘿蔔素食用!

作成如QQ的果凍，灑上芝麻。

龜桃

Q彈地瓜粿皮內包甜糯米，用粿模壓製成印有囍字·長壽🐢，是馬祖傳統祭神的供品。

糯米內餡

地瓜粿皮

地瓜餃

以地瓜泥混合地瓜粉作成外皮，內館包入碎花生·白芝麻·黃砂糖·碎蔥末，捏成三角形，可煮成甜湯或油炸食用!

Info　哪裡買？　糯糍、龜桃可向介壽獅子市場販售繼光餅與蜢餅的阿姨購買，迷你糕則需要碰碰運氣。

鹵鹻

米粽

草包

在桔梗蘭的葉子
裡包進糯米
蒸熟食用。
有著淡雅香氣！

花生。

蝦餅

馬祖人♥吃
炸物?!

蝦餅.繼光餅.紅糟鰻.
乙串.紅糟排骨
都是炸物X

剖面圖▶
:半熟egg.粉絲
:carrot.夌.肉

彈!!
彈!!

手打魚丸

在北竿芹壁時(12/22)遇上
民宿老闆夫妻在拜拜,手打
魚丸是用Q彈の感加魚漿
加上太白粉作成,不規則
の外型,充滿魚の
自然香氣！

鑲邊粘月

馬祖心吃美食.
冬瓜/木柏/蝦干/魚肉/
蛤!葱......

Part 3.
藏在島嶼的美麗風景

因地理位置的關係，馬祖既是純樸的漁村，

也曾是保衛台灣的重要軍事前線。

當地富有戰地特色的碉堡、坑道，還有許多

豐富的生態、特別的風土民情和人事物。

海龍蛙兵．鐵板

海龍蛙兵，俗稱水鬼，是中華民國陸軍特種部隊之一，
駐紮於台灣外島金門、馬祖、澎湖等地區，兩岸對立時
期，海龍蛙兵主要利用夜間滲透敵軍據點，執行沿岸摸
哨、襲殺、破壞等任務，因而得名「水鬼」、「敢死隊」。

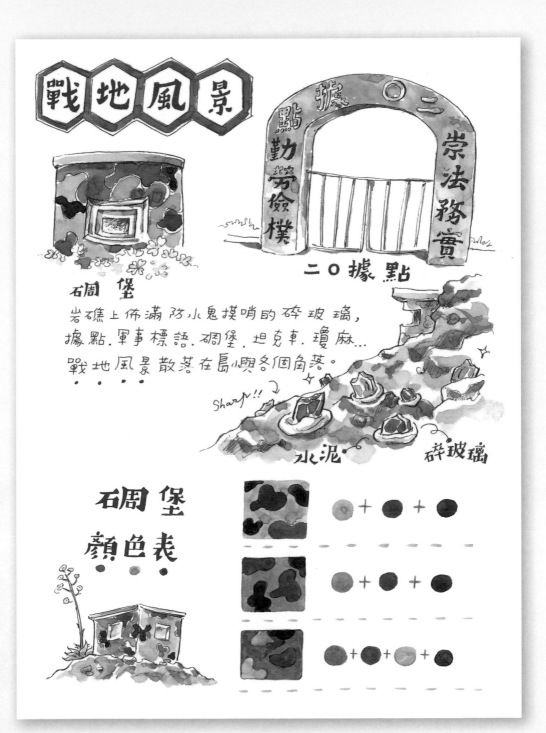

戰地風景

二〇據點

崇法務實

據點勤勞儉樸

碉堡

岩礁上佈滿防水鬼摸哨的碎玻璃，據點.軍事標語.碉堡.坦克車.瓊麻...戰地風景散落在島嶼各個角落。

Sharp!!

水泥

碎玻璃

碉堡顏色表

2015 年, 成為馬祖藝文新亮點, 原本冷冰冰的
軍事邊防據點, 現轉型為人文.藝術氣息濃厚的

刺鳥咖啡
獨立書店

July 1st.
2015. Matsu
18:10 PM — 牛角村

從南竿牛角村的五靈公廟後方步道前行，首先會抵達廢棄的 16 據點，爬上左側的階梯
向上步行到牛角油庫後，下行就能抵達位在牛角澳口邊緣的 12 據點。

軍方釋出此據點後，現由馬祖前任文化局局長曹以雄先生接手，規劃為「刺鳥咖啡獨
立書店」。希望持續邀請藝術家、作家進駐，讓原本冰冷嚴肅的軍事據點成為當地的
人文藝術交流站。

書店內大片窗景框進了美麗的牛角澳、北竿島與對岸大陸的黃岐海域風景，這裡也成
為整個南竿島最令我著迷的角落之一！

12 據點

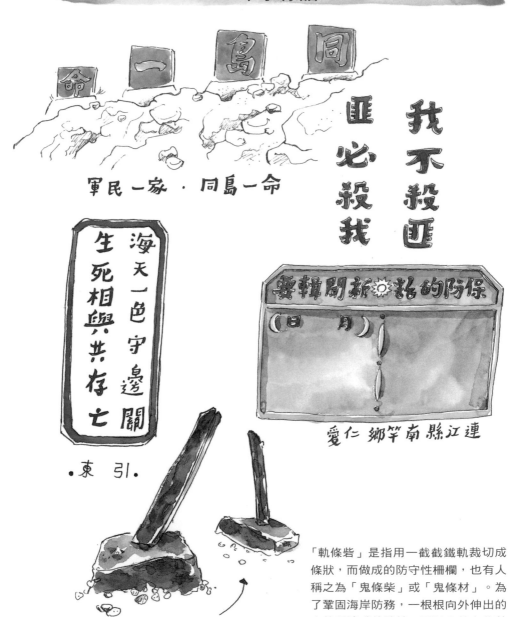

命一島同

軍民一家・同島一命

我不殺匪

匪必殺我

海天一色守邊關
生死相與共存亡

・東引・

保防的諮詢新聞輯要

連江縣南竿鄉仁愛

（日　月）

軌條砦（音同寨）

「軌條砦」是指用一截截鐵軌裁切成條狀，而做成的防守性柵欄，也有人稱之為「鬼條柴」或「鬼條材」。為了鞏固海岸防務，一根根向外伸出的尖軌所連成的防線，可以有效卡住敵船，使其不易靠近。

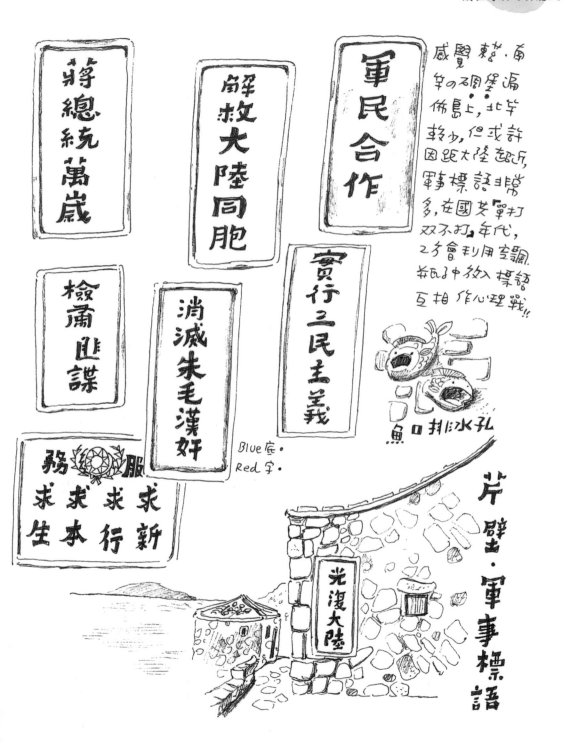

蔣總統萬歲

解救大陸同胞

軍民合作

檢肅匪諜

消滅朱毛漢奸

實行三民主義

務求生　求本　求行　求新
服

光復大陸

感覺軍の碉堡遍佈島上，北竿較少，但或許因跟大陸超近，軍事標語非常多，在國共『單打雙不打』年代，之外會利用空飄、水飄中夾入標語互相作心理戰!!

魚口排水孔

Blue底·
Red字·

芹壁·軍事標語

島嶼花園

散散步

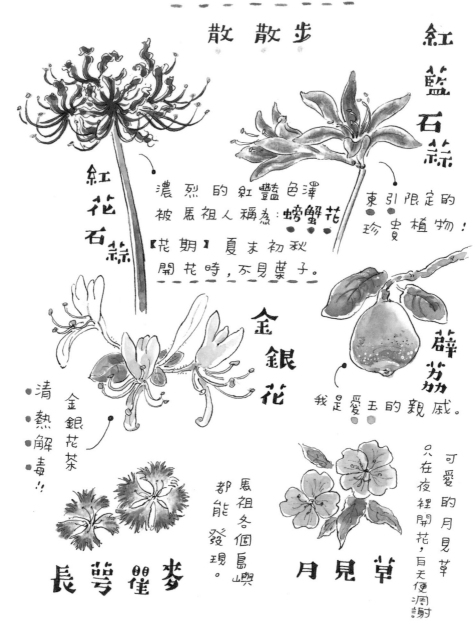

紅花石蒜

紅藍石蒜

濃烈的紅豔色澤
被馬祖人稱為：螃蟹花
【花期】夏末初秋
開花時，不見葉子。

東引限定的
珍貴植物！

金銀花

薜荔
我是愛玉的親戚。

清熱解毒!!

金銀花茶

馬祖各個島嶼都能發現。

長萼瞿麥

月見草

可愛的月見草
只在夜裡開花，白天便凋謝

拜訪動物朋友們

神話之鳥

白色嘴尖

黑嘴端鳳頭燕鷗

自 1863 被命名，
一度以為已從
地球上消失。
因為稀有，被賞鳥
人士視為 神話之鳥！

這裡找找看！
北竿
三連嶼·鐵尖島
西莒
蛇島

出沒地
東引

黑尾鷗

尾羽端有黑色
帶紋，因此被
喚為 黑尾鷗。

Hello

北方呼喚招潮蟹

邊吃東西，邊揮舞大手的
模樣，無敵可愛！！

出沒地 南竿·清水濕地

梅花鹿

出沒地 北竿·大坵

111

跟著媽祖去繞境

媽祖是當地極為重要的宗教信仰，四年一度的環島大繞境更是島上的重大盛事。2015年5月9日幸運地遇上在南竿舉辦的活動，和媽祖娘娘、神尊與幾乎是全島總動員的島民們一同穿梭在島上每個村落，不分老少從清晨直到深夜完成超過13個小時的徒步環島繞境！

而最令我感動的是，繞境途中，那些上了年紀的叔叔、阿姨們奮力地推著沉重的神轎徒步走上那極為陡峭的大斜坡，臉上仍堆滿笑容地說著：「幫媽祖娘娘的忙一點都不覺得累，明天鐵腿也沒關係啦！」豪邁爽朗的態度也讓自己補滿了衝勁，繼續和陡坡奮戰！能和島民們共同參與活動，一起為同一件事情奮鬥，是居遊在島上期間最熱血、最獨特的回憶了！

May 9.2015 21：50

歷經10多小時的環島繞境，一路由馬港（07：00）→珠螺→清水（08：50）→牛角（11：30）→介壽→青潭澳→梅石→仁愛→津沙（Dinner Time）→搭Bus到馬港→科蹄澳→馬港天后宮，最後在廣場上以煙火為充實的一天結束。

【壓轎金】
壓在神轎下的金紙，
保平安、健康！
•阿丑ㄇㄚ幫我拿

媽祖神轎

只能由女性扛轎。

清晨7A.M.由馬港天后宮媽祖扛鑼鼓.神轎.將神.孔三太子.鼓坊隊一路穿梭在馬祖南竿高2倍の山路上,每過一村便有新神轎加入,全島總動員,令人敬佩.感動!!

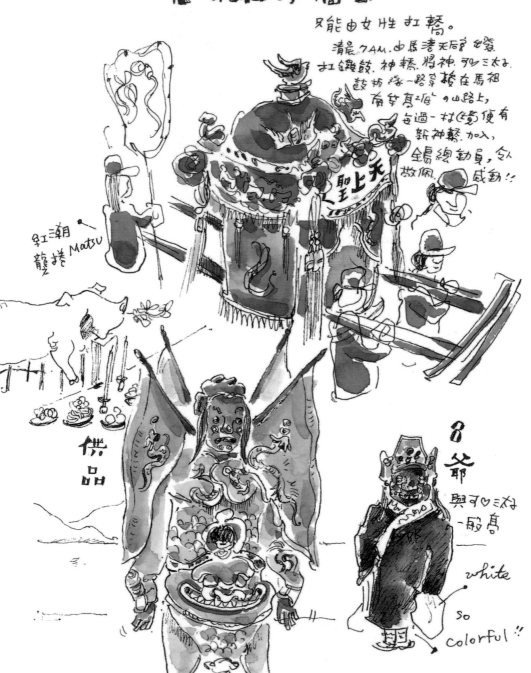

紅三朝
籃撐Matu

天上聖

供品

8爺
與す♡三女一般高

white
so
colorful!"

馬祖南竿媽祖繞境

天后宮

馬祖天后宮

馬祖天后宮

馬祖繞境天后

移動香爐

May 9, 2015
7AM- 馬港天后宮南竿繞境
where we get start from
：馬港   天后宮   Cute Doll

牛峰境五靈公廟

MAY 9, 2015
11:30 AM
牛角村

馬祖南竿 4 年一度繞境，從北竿、莒光、東引
搭著船前來的神明，搭著小巧的轎子在福
澳港加入環島繞境行列。全鎮動員的活
動，扛轎、敲鑼鼓、舞獅、舞龍，上了年紀
的阿姨、叔叔們奮力地推著沉重的神轎
徒步走在陡的要人半條命的大陡坡，疲
累卻仍滿臉笑容的說著：「幫娘祖娘娘
的忙一點都不覺得累，明天鐵腿也沒
關係啦!!!」平靜的島嶼生
活因為一同和居民為同一件事奮鬥，而有
溫暖的感覺。

115

【閩東式石屋】

馬祖常見的閩東式石屋，
以花崗岩為建材。
牆面有大小不一石塊組成的
亂石砌，人字砌只有在
富有人家才能見到。

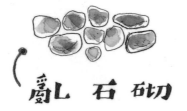

亂石砌

人字砌

屋瓦不用灰漿固定，
只用磚石壓住。
防強風掀瓦也方便修補,更換!
通風功能佳!!

〔壓瓦石〕

〔魚口排水孔〕

側面

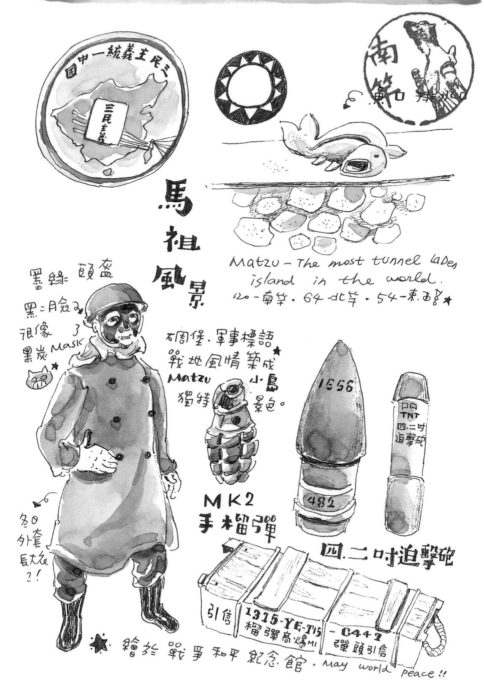

馬祖風景

Matzu — The most tunnel laden island in the world.
120 — 南竿．64 — 北竿．54 — 東西莒★

墨綠頭盔
黑二臉ㄇ
很像 了
黑炭 Mask

碉堡．軍事標語★
戰地風情築成
Matzu 小島
獨特 景色。

多日外套長大在 ?!

MK2 手榴彈

四.二吋迫擊砲

1556
482

TNT
四.二吋迫擊砲

引信 1315-YE-T15 榴彈高爆 MI - C447 彈頭引信

★ 繪於 戰爭和平 紀念館．May world peace !!

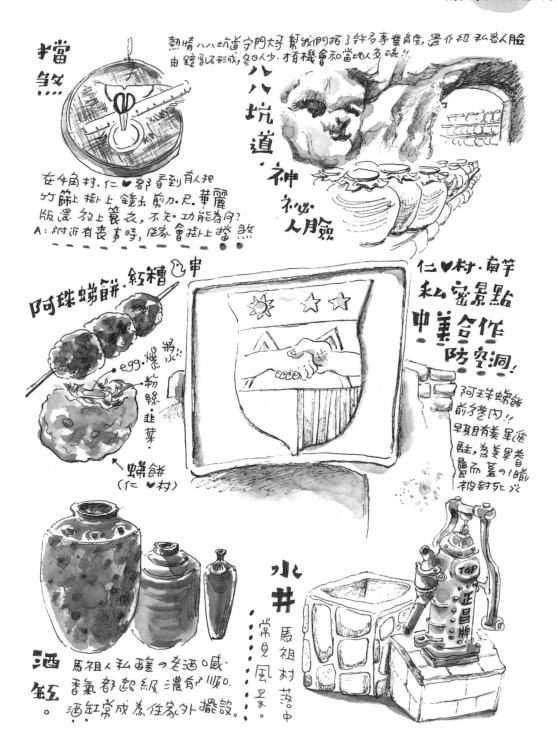

擋煞

在牛角村.仁愛部看到有人把竹篩上掛上鏡子.剪刀.尺.華麗版還放上襄衣.不知功能為何?
A:附近有喪事時,住家會掛上擋煞

熱情八八坑道守門大哥幫我們拍了許多專業角度,還介紹私密人臉
由鐘乳石形成,因人少,有機會和當地人交流!!

八八坑道·神祕人月臉

阿珠蠣餅·紅糟串

egg.蔥.胡蘿蔔絲.韭菜.
將水↗↘

↖蠣餅(仁愛村)

仁愛村·南竿
私密景點
中美合作防空洞!

阿珠蠣餅前多巷內!!
早期月有美軍進駐,為美軍差醫而蓋的!暗被封死火

酒缸。

馬祖人私釀○老酒○鹹.香氣都超級濃有!順.酒缸常成為住家○外擺設。

小井

馬祖村落中常見風景。

TOP 正昌牌

119

中山堂

飛躍小馬・馬港公車站

中山堂在Matsu無所不在！地下碉堡內也有小中山堂。

馬祖

馬港天后宮旁
→握劍造型超酷!!

待旦 枕戈 起舞 聞鷄

國軍九四七營站

北竿・塘岐村

國軍營站
以前軍方設的營站，售價比起一般超商便宜，現在不只阿兵哥會來購物，當地人也加入shopping行列。

阿兵哥

搖櫓船

長了可愛的表情

馬祖的特色
迷彩風景。

獅子市場

賣菜的
伊娘嬤(台:奶奶)

風燈

封火 牆

石姆姆
馬祖人的守護天使

石仁愛修女 Sister Madeleine Severens 比利時人 (1918 - 2010)

民國 65 年，成立海星診所免費為當地人從事接生，醫療護理與居家護理服務，在馬祖 25 年無私奉獻，被視為馬祖人的姆姆。

（姆姆 = 媽媽）

『你好不好？ 姆姆來看你了！』

《愛者-石仁愛修女在馬祖》
—— 林保寶

被石修女接生過，照料的老弱病患遍及全島，姆姆用滿滿的愛心守護著馬祖，是當地人心目中的守護天使!!

李小石

每回登山，都會揹著媽祖
神像攀登世界頂峰。
是台灣首位帶著媽祖鎮征服
第 **1** 高峰聖母峰與世
界第 **8** 高峰馬納斯鹿
的登山能手！

2013 年 5 月成功攀登
世界第 **4** 高峰的洛峰，
返途疑似高山症併發
腦水腫辭世。

李小石·登山怪傑
馬祖人（1955－2013）

李小石將他揹著**媽祖鎮**
登上**聖母峰**的故事，寫
成了《**喚山**》一書。

2010·印刻文學出版

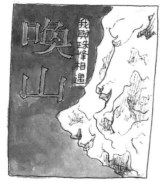

我與珠峰相遇
喚山

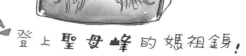

▶ 登上**聖母峰**的媽祖鎮！

天后宮

光照寰宇
德普四海
馬祖境天后宮

Part 4.
馬祖旅行指南

認識馬祖

馬祖位於台灣本島西北方，地理位置相當靠近中國大陸閩江口，由南竿、北竿、東莒、西莒（合稱莒光）、東引（含西引）這四鄉五島所組成。地質為花崗岩錐狀島嶼，地勢起伏略大且陡峭，險礁、海蝕洞、海蝕門、沙灘、礫石灘等豐富的地形組成獨特的島嶼地貌。馬祖早年與大陸福州沿海往來密切，也因此成為台灣地區唯一老一輩居民以福州話為主要語言的縣市。解除戰地政務後的馬祖留下許多當年為了鎮守台灣安全所築起的碉堡、坑道與軍事標語，再加上豐富的動、植物自然生態、獨特的閩東式石屋聚落，讓馬祖成為務必造訪的旅行地！

馬祖氣候

馬祖四季分明，春秋兩季體感溫度最為舒適，春季為當地霧季，容易有濃霧發生，而當南風吹起時，濕氣感相當重，室內與坑道常有反潮現象；夏季白日氣溫約 31~33 度，略微炎熱，但和動輒 35、36 度高溫的台灣相比，仍感覺較為涼爽；冬季東北季風強，清晨最低溫約為 7、8 度，屬於乾冷型態，農曆春節期間氣溫最低。馬祖颱風則多發生於 7、8 月，雨季集中在 4 至 9 月的梅雨季及颱風季，年平均雨量不到台灣的一半。

如何打包行李

春、秋季：氣候舒適，入夜後稍有寒意，外出建議加件外套。
夏季：防曬乳、遮陽帽、薄外套、防蚊液、蚊蟲叮咬藥膏
冬季：手套、圍巾、防寒外套、帽子、口罩

必備裝備

馬祖地形多起伏，若是和我一樣喜歡步行的旅人建議帶雙好走的鞋子！夏日陣仗驚人的小黑蚊是另類的馬祖名產，蚊蟲叮咬藥膏一定要記得準備！

馬祖交通

飛機

台北松山機場每日有立榮航空往返南、北竿，航程約 50 分

台中清泉崗機場每日一班立榮航空往返南竿，航程約 50 分

小提醒　每年 3 到 5 月為馬祖霧季，天候條件不佳，時常停駛，出發前建議向航空公司確認。

搭船

由基隆港搭乘夜臥船臺馬之星，隔日清晨抵達東引，航程約 8 小時。

由基隆港搭乘夜臥船臺馬之星，隔日清晨經東引抵達南竿，航程約 10 小時。

往返東引、南竿間的臺馬之星分為「先東後馬」與「先馬後東」兩種航線。「先東後馬」航班，夜間由基隆先開往東引再開往南竿。「先馬後東」航班，夜間由基隆先開往南竿再開往東引。

新華航業於旅行旺季實施「東馬東台」航線，單號日為東馬東台（東引→南竿→東引→台灣），雙號日為東馬台（東引→南竿→台灣），可依照行程來決定搭乘船班！詳細航班資訊，請留意新華航業網站公告。

船班購票資訊

基隆：西岸旅客碼頭二樓大廳（基隆市港西街 16 號 2 樓）

東引：老爺大飯店（馬祖東引鄉樂華村 29 號、電話 0836-77168）

新華航業臺馬之星：

http://www.shinhwa.com.tw/

小提醒　臺馬之星每日晚間開船，每週二固定停航保養，搭船日前七天電話訂位較為保險。當日是否開航，可於上午 11 點以後，撥打 (02)2424-6868 查詢。

漫遊馬祖，不可不知

重要提醒

購買船、機票時須出示身分證或相關證明文件。

霧季期間，台灣海峽風平浪靜，從基隆出發的臺馬之星，均正常開航，建議 3 至 5 月期間，若機場關場，可以考慮轉搭臺馬之星前往南竿。

飛機停航個人權益指南

南、北竿機場每逢霧季，飛機停飛機率相當高，建議使用信用卡購買機票，若當班飛機停飛，旅客可以利用「旅行不便險」提供的保障，支付行程延誤期間的交通、食宿等費用，並於事後備妥文件，申請理賠。

申請理賠必備的文件

申請書正本（向保險公司索取）、購買機票的簽帳單影本、機票及登機證、航空公司開立的班機延誤或取消證明、以信用卡簽付索賠費用的簽帳單及消費明細收據或發票正本；若搭乘計程車，記得向司機索取車資收據，連同以上所有文件，以掛號郵寄保險公司。每一家發卡銀行投保的保險公司不同，旅客須向信用卡公司查詢相關理賠細節。

聯絡電話

立榮航空訂位電話：(02)2508-6999
臺馬之星訂位電話：基隆 (02)2424-6868
　　　　　　　　　馬祖 0836-26655
　　　　　　　　　東引 0836-77555

海上漂流 10小時之
合富輪 初體驗!

託濃霧使飛機不飛，台輪又客滿の
福，清晨在一陣兵慌馬亂情況下，搭上了
加班の軍用船：合富輪。不知為何，朋
友對於搭乘這艘船の經驗　似乎不佳，
使我也帶著小小恐懼(大.土.臭　到無法敏吏,
開始這趟 10小時の海上漂流。　都沒發生!!
但凡事總要親身體驗，比台　思輪柔軟
の床舖，較為寬敞的下舖空間　(頭還能
不用奇怪姿勢撐著)，這些
都讓 合富輪の搭乘感　　馮床
加分不少!! 因為慢，　台舖
舒服地睡了幾回，在甲板上　馬柔
吹著海風畫了圖，(畫畫的　輪軟
是打發時間の幸福利器!!)　!!勝.
睡醒後の午茶時間，邊啃
○餅邊看著一望の千萬海景，
百日的海上漂流一點都不
無取，甚至希望能讓船走の
更緩些，慢:享受難得の海上
時光! ★ 台馬輪上販賣部售有食物，
合富輪無，上船前須自備好糧食!!
泡麵目前是船上人氣食物!!

July 4, 2015
8:36 Am

128

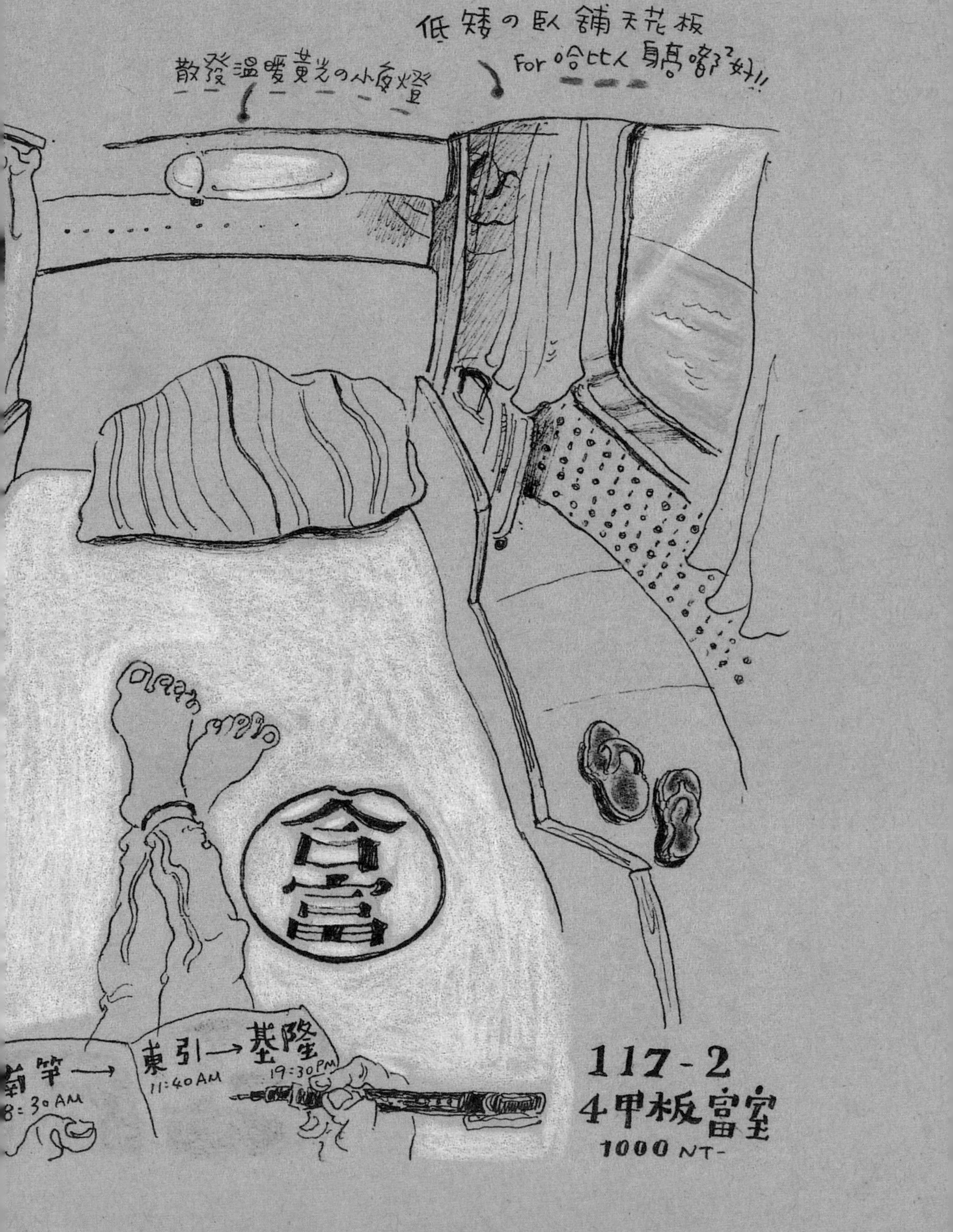

低矮の臥鋪天花板
For 哈比人身高嘟嘟好!!
散發溫暖黃光の小夜燈
富
南竿 →
8:30 AM
東引 → 基隆
11:40 AM
19:30 PM
117-2
4甲板富室
1000 NT-

東引 · 11:24AM

合富快輪

頭等艙

12:2

合富輪

上午8點近4.50今從南竿發船，要等到東引才有床位。船上結構與台馬輪大致相同，只是空間略小，中央上下都是由双方可通の樓梯相連，設計與色調頗復古。臥鋪與上回搭台馬輪同，都位在船側，窗外是無際大海，或許這次搭船是白日，明亮の光線，使著白色床單の睡床感覺較舒服，哈比人較適合此種床板寬度，不像個子真の好亞，頭都隱法伸直!!

合富輪. 台馬輪上都有復古的旋轉梯連絡船艙空間。

120	1/2	·····→ 上鋪
118	1/2	·····→ 下鋪
117	1/2	富室

4 甲板

July 4, 2015. 8:30AM 南竿發船
起大霧の Matsu, 停飛了整日の飛機,
也讓這趟島嶼 working Holiday 有始有終
地都搭船往返。是旅行護人進步吧?
似乎要久昭彰の合富輪沒有嫁中の 可怕,
在甲板晃了許久, 仍只感覺溫和地搖著。
★ 南竿→ 東引 → 基隆 · with 柚/阿垂
★ 白·粉綠·綠·橘·夾深藍·紅 ⇒ 合富輪色系

泡麵 好香!!

阿頭哥
軍服打扮
救較

53 39 2

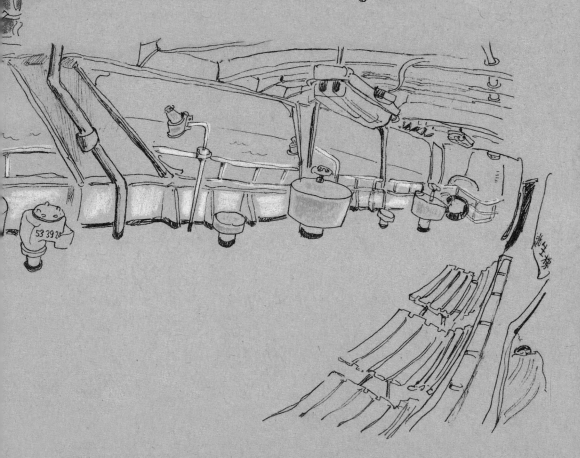

島嶼生活的 N 種主題旅行

據點探險

大大小小的碉堡、地下坑道、軍事標語、充滿神祕色彩的據點等地方，一起沿著海岸探險吧！

海岸邊跳石頭、拜訪螺貝類

馬祖的美都藏在島嶼的邊邊角角，壯麗的花崗岩壁、沙礫灘、島礁、海蝕地形……，唯有近身用手去觸摸、用雙腳攀上這些驚人地貌，才能好好體驗這座島嶼的迷人風情。

看星星、追藍眼淚

入夜後島嶼的夜空、海上都掛滿一顆顆閃亮的小星星，用眼睛靜靜捕捉在海中的迷人景致。

鑽進小巷裡收集閩東石屋

島嶼上的小巷彎彎曲曲、高高低低，不管怎麼走都不會迷路，美麗的閩東石屋散落在各個角落等待著你來探索！

到馬祖民俗文物館探索亮島史前文化

2011 年在馬祖的亮島發現多處貝塚與 2 具完整的男女亮島人遺骸，將他們命名為「亮島人 1 號」及「亮島人 2 號」，經過 DNA 檢測證實，在距今八千年前亮島上早已存在著人類，馬祖民俗文物館內展示了發現亮島人的經過、DNA 檢測過程與馬祖史前文化研究等詳細資訊，喜歡歷史文化的人，不妨到此安排一趟知性之旅。

生態之旅

●北竿大坵島尋找梅花鹿

●北竿鐵尖島、三連嶼、西莒蛇島賞燕鷗，尋找神話之鳥

●東引安東坑道拜訪黑尾鷗

●退潮時到南竿清水濕地和可愛招潮蟹一起玩耍

島內旅行自由選

【選擇一】步行

若你是旅行時間充裕又屬於熱血環保愛地球的旅人，非常建議用步行方式環島，南、北竿每個村落間步行約 30 分鐘、東莒約 10 分鐘。

【選擇二】搭公車

南、北竿兩島有公車往返景點，約每 30 分到 1 小時一班，車資不限遠近皆為 15 元，能夠體驗和當地爺爺、奶奶一起搭公車的日常生活感受。

【選擇三】機車

若旅行時間不太充裕，可向住宿的民宿租借機車。但馬祖地形起伏相當大，務必注意騎車安全！

島內交通

南、北竿兩島提供公車服務，不限遠近車資皆為 15 元，主要景點都可抵達，發車時間也相當準時，建議時間充裕的旅人可藉此好好體驗。

南、北竿公車時刻表：

http://www.matsu.idv.tw/topicdetail.php?f=60&t=285

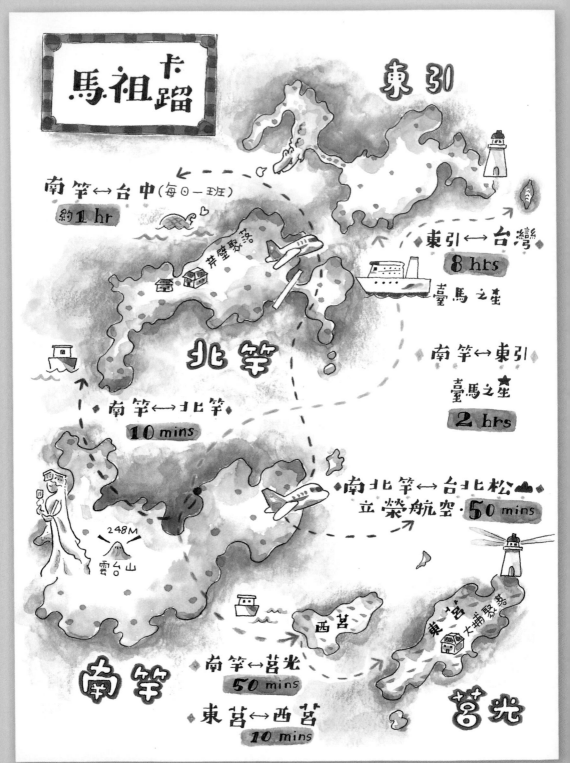

馬祖卡蹓

東引

南竿↔台中（每日一班）
約 **1** hr

東引↔台灣
8 hrs
臺馬之星

芹壁聚落

南竿↔東引
臺馬之星★
2 hrs

北竿

南竿↔北竿
10 mins

248M
雲台山

南北竿↔台北松山
立榮航空·**50** mins

西莒

東莒大埔聚落

南竿

南竿↔莒光
50 mins
東莒↔西莒
10 mins

莒光

跳島路徑推薦

【路線一】

基隆（搭乘臺馬之星約 8 小時）→東引（搭乘臺馬之星約 2 小時）

→南竿（搭乘小白船約 50 分）→東莒→南竿（搭乘小白船約 10 分）

→北竿（搭乘立榮航空約 50 分）→台北松山機場 .

【路線二】

基隆（搭乘臺馬之星約 8 小時）→東引（搭乘臺馬之星約 2 小時）

→南竿（搭乘小白船約 50 分）→東莒→南竿（搭乘小白船約 10 分）

→北竿→南竿（搭乘立榮航空約 50 分）→台北松山機場或台中清泉崗機場

 小提醒 每座島嶼都各有特色，若時間允裕，建議可安排 1-3 晚的住宿。

島際交通

由南竿福澳港可搭船轉泊至各離島，是便利的跳島轉運站。

【南竿←→北竿】 由南竿福澳港搭乘小白船可抵達，航程約 10-15 分。

乘船資訊請洽：南北海運股份有限公司
　　　　　　　　大和航業股份有限公司

【南竿←→莒光】 由南竿福澳港搭乘小白船可抵達，航程約 50 分。

船班時刻表：每日固定航班共 3 班，07:00、11:00、14:30

單月──先西後東

福澳港→（50 分）→西莒→（10 分）→東莒→（50 分）→福澳港

雙月──先東後西

福澳港→（50 分）→東莒→（10 分）→西莒→（50 分）→福澳港

小提醒 原則上單月為先西後東，雙月為先東後西，但以船公司公布的資訊為主。

【東莒←→西莒】東、西莒間有小白船往返，每日 4 班，航程約 10 分

船班時刻表：西莒→東莒：07:30、10:00、14:00、17:10

東莒→西莒：07:35、10:05、14:05、17:15

小提醒　西莒開航後，於東莒短暫停靠即駛返，建議乘客儘早抵達碼頭，以免錯過船班。開船時間以船公司公布的的資訊為主。

【南竿←→東引】

南竿→東引：由南竿福澳港搭乘臺馬之星可抵達，航程約 2 小時

東引→南竿：由東引中柱港搭乘臺馬之星可抵達，航程約 2 小時

小提醒　各離島間以海運為主，由於海象不定，須注意每日航報，並於開船前 30 分鐘抵達碼頭購票。

大埔 東莒聚落

角落，僅剩一面牆。
漁寮，旁荒廢。石屋
外觀良好，內部多有大灶與傳統木誌架子。
漁網，浮標。蜘蛛是目前最大住民。
★ 漁寮與一旁石屋已於 2015 年重新整修。

整座島嶼都是健身練習場

步道

—【南竿】—

勇腳級：摩天嶺步道

私房推薦：牛角步道 / 官帽山步道 / 秋桂亭臨海步道 / 津仁步道

—【北竿】—

勇腳級：壁山步道

私房推薦：螺山步道 / 安康步道 / 永康步道

—【東莒】—

私房推薦：大埔聚落魚路古道 / 東洋山步道 / 頂山步道

大埔石刻臨海步道

—【西莒】—

坤坵步道

—【東引】—

泰山府景觀步道

※ 若覺得這些步道還爬不夠，熱愛跑步者可參加馬祖馬拉松，
詳細資訊請上網搜尋。

登山

—【南竿】—

雲台山，高約 248 公尺，為馬祖第二高峰，名列台灣小百岳

—【北竿】—

壁山・高約 298 公尺，為馬祖第一高峰

馬祖話小學堂

我 ㄋㄨㄧ

你 ㄋㄩ

請 ㄑㄧㄤ

是 ㄐㄧㄤˋ ㄋㄟˊ

不是 ㄧㄣˋ ㄋㄟˊ

謝謝 ㄒㄧㄚˋ ㄌㄧㄚˊ

對不起 ㄅㄩㄟˇ ㄅㄨˋ ㄗㄨㄝˊ

多少錢 ㄋㄨㄛˋ ㄌㄚˊ ㄐㄧㄢˋ

遊玩 ㄎㄚ ㄌㄧㄡˋ

買東西 ㄇㄟ ㄋㄠˊ

旅館 ㄌㄩ ㄌㄧㄤˊ

休息 ㄏㄧㄨˋ ㄌㄟˊ

餐廳 ㄅㄨㄥˋ ㄌㄞ（ㄣ）ˇ

吃飯 ㄒㄧㄝˋ ㄅㄥˊ

好吃 ㄏㄠˇ ㄌㄧㄝ

飽 ㄅㄚ

好餓 ㄧㄚˇ ㄧㄡ

好熱 ㄧㄚˇ ㄧㄝ

好冷 ㄧㄚ ㄎㄟ（ㄣ）ˇ

天氣好冷 ㄊㄧㄢ ㄎㄟ ˇ ㄧㄚ ㄎㄟ（ㄣ）ˇ

※ 資料出處：馬祖國家風景區兒童網

138

馬祖大小事看這裡全知道

飛機、船班開航資訊、在地活動、島上又開了哪些新店家……，實用的「馬資網」與「馬祖日報」是獲得詳細在地生活資訊不可或缺的好朋友！

- 馬祖資訊網　http://www.matsu.idv.tw/
- 馬祖日報　http://www.matsu-news.gov.tw/

旅行實用網站

- 馬祖國家風景區　http://www.matsu-nsa.gov.tw/
- Matsu National Scenic Area
  http://www.matsu-nsa.gov.tw/User/Main.aspx?l=2
- 馬祖卡蹓旅遊網　http://www.m-kaliu.com.tw/
- 馬祖住宿通　http://tour.matsu.idv.tw/
- 臺馬之星　http://www.shinhwa.com.tw/
- 連江縣港務處（當月客船航班資訊）
  http://www.mtha.gov.tw/FlightInfo/MonthInfo.aspx

實用電話

南竿遊客中心：0836-25630

北竿遊客中心：0836-56531

莒光遊客中心：0836-89388

東引遊客中心：0836-77266

馬祖民俗文物館：0836-22167

馬祖國家風景區管理處：0836-25631

後記

如常的早晨，總喜歡穿過蔬菜公園慢慢散步到獅子市場買份繼光餅當早餐，一旁的小黃貓踏著輕盈步伐踩過菜園旁的小徑，安安靜靜地探險。一隻頑皮的小狗在田埂上打了個滾，花了好些時間挑了喜歡的位置享受牠的晨間解放時光。早起的農人們細心地用鋤頭翻了土、為蔬菜施肥、拔草，像照料小小孩般溫柔地勞動著。

一陣風吹過身旁，拂面的微風帶著從海面吸飽水氣的溫暖氣息，「今天應該是吹南風吧？」我想著，島嶼上的生活簡簡單單，眼睛所見沒有太多無謂的人工華麗修飾，光是收集這些散步途中遇見的小風景都能讓一整天擁有好心情。而那些不經意相遇的人們也令人印象深刻！

令人冷到發抖的冬日街頭幾乎看不到觀光客，到早餐店點了份馬祖漢堡，一如往常，習慣在吃之前先把食物用畫筆記錄下來，熱呼呼的美味早餐就這樣畫著畫著成了發涼的食物，一旁好奇湊近看我畫畫的大

Photo by CliveScruton

Iris

家似乎比我還忙碌：貼心的老闆把冷掉的繼光餅重新烤過，並隨手塞了幾個剛出爐的餅到我手裡，笑著說：「熱呼呼的比較好吃喔！」，熱情的阿姨邊叮嚀不要畫到著涼，邊窩心地幫我把保溫瓶裝滿熱水！這個把早餐畫成了午餐的食光，無比幸福地被好多溫暖親切的馬祖小天使包圍呀！對我來說，嘉義、台北、蘭嶼、花蓮、馬祖⋯⋯，這些散落在島嶼各個角落的、擁有深刻生活回憶的地方都是美麗的「家」風景。

常常思索著旅行的意義，或許是把自己放到陌生的地方，張大眼睛用滿滿的好奇心與感官去感受，跟著在地人一起生活、重新學習那些居住在城市裡久了，漸漸遺忘的重要小事。不論旅途中遇見好與壞的風景，只要出發了，屬於你的美麗故事就等候在未知的前方！真心希望正讀著這本書的你也能夠出發去旅行，用「心」好好感受途中的一切，

你會發現自己正在改變、有所成長！

最後，要特別感謝連江縣政府文化局的補助與好多樣文化工作室舉辦的「大埔聚落以 X 換生活」活動，帶我來到這座美麗的島嶼，因為這個美好的開端，讓我能夠用畫筆書寫一段又一段和馬祖的故事！謝謝寫書過程中超級嚴格監督的馬祖在地諮詢李貢丸 C.Y. Lee、讓我有機會參與「東方明珠民宿」壁畫繪製的「五五據點青年民宿」老闆劉增亞、不吝分享在地生活故事的劉宜達叔叔、不停為我們烹煮一道道只有當地人才有機會品嘗的傳統美食料理達人翁玉菁阿姨、讓這本書得以出版的聯經出版公司與跳島途中相遇的馬祖朋友們，因為你們才有這本書的誕生！真的非常感謝！

2015. 南華

畫紙上的小旅行
馬祖手繪行旅

2015年10月初版　　　　　　　　　　　定價：新臺幣320元
2020年9月初版第二刷
有著作權・翻印必究
Printed in Taiwan.

著　　　者	張　瓊　文
繪　　　者	張　瓊　文
叢書主編	黃　惠　鈴
編　　　輯	張　玟　婷
整體設計	李　韻　蒨
校　　　對	趙　蓓　芬

出　版　者　聯經出版事業股份有限公司
地　　　址　新北市汐止區大同路一段369號1樓
叢書主編電話　(02)86925588轉5313
台北聯經書房　台北市新生南路三段94號
電　　　話　(02)23620308
台中分公司　台中市北區崇德路一段198號
暨門市電話　(04)22312023
台中電子信箱　e-mail：linking2@ms42.hinet.net
郵政劃撥帳戶第0100559-3號
郵撥電話　(02)23620308
印　刷　者　文聯彩色製版印刷有限公司
總　經　銷　聯合發行股份有限公司
發　行　所　新北市新店區寶橋路235巷6弄6號2F
電　　　話　(02)29178022

副總編輯　陳　逸　華
總　編　輯　涂　豐　恩
總　經　理　陳　芝　宇
社　　　長　羅　國　俊
發　行　人　林　載　爵

行政院新聞局出版事業登記證局版臺業字第0130號

國家圖書館出版品預行編目資料

馬祖手繪行旅/張瓊文著・繪圖 . 初版 . 新北市 .
聯經 . 2015.10 . 144面 . 17×23公分 .
（畫紙上的小旅行）
ISBN　978-957-08-4633-1（平裝）
[2020年9月初版第二刷]

1.旅遊 2.福建省連江縣

673.19/137.6　　　　　　　　　　104020090